カンタン中国語で話しまくれ！

瞬時に出てくる
中国語会話大特訓

精選720フレーズ

李 軼倫
Li Yilun

松尾 隆
Matsuo Takashi

Jリサーチ出版

はじめに

✦ 中国語会話を強化する「日→中」大特訓

　中国語で言いたいことがとっさに出てこなくて、もどかしい思いをしたことはありませんか。文法知識をひと通り勉強しても、会話ができないのは非常にもったいないですね。

　本書は中国語会話を苦手とする人が、自分で日本語を中国語に置き換える練習をすることによって、瞬時に中国語が口をついて出るように訓練をする一冊です。

　左ページに「日本語」、右ページに「中国語」という構成となっていますので、左ページの日本語を見て、中国語を発話する練習ができます。日本語の他に、中国語のキーワードやヒントも出ており、初級者の方も安心して会話練習ができます。

✦5つのステップで自然に話す力が身につく

　本書は次の5つのステップで会話を練習する構成になっています。第1章「定型フレーズ」、第2章「日常会話フレーズ」、第3章「海外旅行フレーズ」、第4章「ビジネスフレーズ」、そして第5章「文法活用フレーズ」です。

　フレーズは、どれも実際の会話で役に立つものばかりです。付属CDに収録しているナレーターの段文凝さんの声を聞いて繰り返し練習しましょう。また、本書に書かれている時制や固有名詞を変えて、新しいフレーズを作ってみるのもいいでしょう。実在の人物の名前にしたり、みなさんが住んでいる地域の名前や通っている学校名、会社名に入れ換えて言ってみると、フレーズの内容がぐ〜んと身近になりますよ。

　なお、本書に書かれたフレーズを発音するときには、実際に自分が中国語でだれかと会話している様子をイメージするとよいでしょう。相手の質問や、自分のフレーズに続く相手のフレーズを考えてみるのも、実際の会話を想定したよい練習になります。

　"千里之行，始于足下"（千里の道も一歩から）。さあ、一緒に中国語会話の特訓を始めましょう。

著者

目次

はじめに ……………………………………………………………… 2
中国語会話を徹底強化する3つの戦略 …………………………… 8
中国語会話大特訓の練習法 ………………………………………… 9
本書の利用法 ………………………………………………………… 10

第1章　ウォーミングアップ編 …………………………………… 13
第1課　2語フレーズ　応答表現 ……………………………………… 14
第2課　2語フレーズ　定型表現 ……………………………………… 16
第3課　3語フレーズ　応答表現① …………………………………… 18
第4課　3語フレーズ　応答表現② …………………………………… 20
第5課　3語フレーズ　定型表現① …………………………………… 22
第6課　3語フレーズ　定型表現② …………………………………… 24
第7課　4語フレーズ　応答表現 ……………………………………… 26
第8課　4語フレーズ　定型表現 ……………………………………… 28
第9課　四字成語① …………………………………………………… 30
第10課　四字成語② ………………………………………………… 32
コラム①中国語の発音は、正しい口の形から ……………………… 34

第2章　日常会話編 ………………………………………………… 35
第11課　性格 ………………………………………………………… 36
第12課　恋愛 ………………………………………………………… 38
第13課　お礼を言う ………………………………………………… 40
第14課　お詫びを言う ……………………………………………… 42
第15課　お願いをする ……………………………………………… 44
第16課　許可を求める ……………………………………………… 46
第17課　ほめる ……………………………………………………… 48
第18課　反対意見を言う …………………………………………… 50
第19課　好き／嫌い ………………………………………………… 52
第20課　悲しい／残念だ …………………………………………… 54

第21課	誘う	56
第22課	断る	58
第23課	励ます	60
第24課	祝う	62
第25課	別れる	64
第26課	自己紹介	66
第27課	家族	68
第28課	学校	70
第29課	会社	72
第30課	天気	74
第31課	アルバイト	76
第32課	サークル活動	78
第33課	中国語の勉強	80
第34課	電話	82
第35課	健康／病気	84
第36課	趣味	86
第37課	飲食	88
第38課	嗜好	90
第39課	レジャー	92
第40課	祝日	94
コラム②日常会話が上達する方法		96

第3章　旅行編　97

第41課	機内	98
第42課	空港	100
第43課	銀行	102
第44課	ホテル	104
第45課	バス	106
第46課	電車／地下鉄	108

第47課	タクシー① 行き先を伝える	110
第48課	タクシー② 運転手に頼む／支払う	112
第49課	道を聞く	114
第50課	観光① 情報を集める	116
第51課	観光② 現地で	118
第52課	食事① 予約をする／注文をする	120
第53課	食事② 店員にたずねる	122
第54課	買い物① 市場で	124
第55課	買い物② デパートで	126
第56課	お土産を渡す	128
第57課	郵便局	130
第58課	アクティビティ	132
第59課	身体の不調を訴える	134
第60課	トラブル	136
コラム③中国のタクシー事情		138

第4章 ビジネス会話編 ... 139

第61課	あいさつ	140
第62課	接待	142
第63課	商談	144
第64課	会議	146
第65課	催促	148
第66課	確認	150
第67課	生産管理	152
第68課	クレーム	154
第69課	社内教育	156
第70課	スピーチ	158
コラム④ビジネス会話をする前に知っておきたいこと		160

第5章　文法活用編 …… 161
- 第71課　助動詞 "会" …… 162
- 第72課　助動詞 "能" …… 164
- 第73課　助動詞 "可以" …… 166
- 第74課　動詞の重ね型 …… 168
- 第75課　"一点儿" と "有点儿" …… 170
- 第76課　全否定の表現 …… 172
- 第77課　禁止表現 "別〜" "不要" …… 174
- 第78課　近い未来の表現 "快要／就要〜了" …… 176
- 第79課　"一〜就…" 構文 …… 178
- 第80課　"一边〜一边…" 構文 …… 180
- 第81課　疑問詞の非疑問用法 …… 182
- 第82課　比較の表現 …… 184
- 第83課　"是〜的" 構文 …… 186
- 第84課　結果補語 …… 188
- 第85課　方向補語 …… 190
- 第86課　可能補語 …… 192
- 第87課　使役の表現 …… 194
- 第88課　反語の表現 …… 196
- 第89課　受身の表現 …… 198
- 第90課　"把" 構文 …… 200
- コラム⑤日本語を直訳しても通じない …… 202

エピローグ …… 203

中国語会話を徹底強化する3つの戦略

戦略1　定型ショートフレーズをまず練習しよう（→第1章）

　各課の8つのフレーズを音読しましょう。きちんとした発音ができるようにCDを活用しましょう。「フレーズを覚えているのに、いざ会話となると中国語が口から出てこない」原因は、日頃、中国語を話す機会が少ないためです。音読を繰り返すことで、フレーズがスラスラと言えるようになります。中国語会話ができるようになる始めの一歩は、2語から4語くらいのショートフレーズが口から出るようになることです。まずはショートフレーズを習得し、少しずつ応用表現を言えるようにしましょう。

戦略2　日常・旅行・ビジネス会話の練習で即戦力をつける（→第2、3、4章）

　私たちが中国語を話すのは、日常、旅行やビジネスなどのさまざまな場面です。自分がその場にいるとイメージして、その会話内容をしっかり相手に伝えなければならないという意識を持って練習すると、効果が上がります。会話の練習は、やはり実際にネイティブスピーカーの友人を作って練習する方法がベストです。日本にはたくさんの中国語圏の方が生活しています。本書で覚えたフレーズを使って積極的に話をしてみましょう。

戦略3　文法を知れば、表現力は倍増する（→第5章）

　あやふやになっている文法の知識があれば、文法事項を整理してからフレーズを言ってみましょう。「文法ばかりやっているから、いつまでも中国語が話せないんだ」という話を耳にすることがありますが、会話文を自分で組み立てるには、文法の基本ルールを知っておかなければいけません。文法が身についていれば、自信を持って会話をすることができます。フレーズが無意識に口からついて出るようにすることと意識的に文法を勉強することを組み合わせれば、中国語会話はさらに上達するのです。

中国語会話大特訓の練習法

　各課とも左のページに日本語、右のページに中国語のフレーズが8つずつ並んでいます。次のSTEPにしたがって、練習しましょう。

▶▶▶ **STEP ①**

　日本語ページのヒントを参考にしながら、まずゆっくりと自力で日本語に合った中国語を言ってみましょう。そして、答え合わせをして音読しましょう。

▼

▶▶▶ **STEP ②**

　日本語を目隠しシートで隠し、中国語フレーズを見ながらCDを聞いてみましょう。次に中国語フレーズを見ずにCDを聞いてみましょう。

▼

▶▶▶ **STEP ③**

　中国語を目隠しシートで隠し、日本語を見て中国語フレーズを言ってみましょう。忘れていたら、無理をせずに日本語を確認してください。

▼

▶▶▶ **STEP ④**

　CDを使って、日本語フレーズを聞いて、自分で中国語フレーズを言ってみましょう。日本語の後には話すためのポーズがあります。CDだけで繰り返し練習しましょう。

本書の利用法

「定型フレーズ編」、「日常会話編」、「中国旅行編」、「ビジネス会話編」、「文法活用編」の順に段階を踏んで学習できるように構成されています。「話すためのヒント」や「中国語会話のカギ」の解説も参考にして、楽しく会話練習を進めましょう。

- ●課のテーマを示します。フレーズはこのテーマに沿って、集められています。

- ●中国語にすべき日本語です。下に簡単なヒントを示しています。

- ●第1〜10課のみ日本語を中国語にするときのヒントを示しています。

第1課　2語フレーズ 応答表現

▶▶▶▶ さあ、まずは日常会話でよく使われる、たった2語の中国語で構成された超簡単フレーズから始めましょう。

□1 いいよ！　○___呵！

□2 道理で！　○难___！
　「奇妙と感じるのが難しいほど物事が道理に適っている」と考えましょう。

□3 あ、そうだ。　○___了！
　「そうです」を表す語が入ります。

□4 それはそうだ！　○那___！

□5 そうですか？　○___的?
　「本当」を表す語が入ります。

□6 間違いありません。　○没___。

□7 お任せします。　○随___。

□8 何でもありません。　○没___。
　「こと」を表す語が入ります。

- ▶第1章「定型フレーズ編」　2〜4語フレーズ、四字成語でウォーミングアップをします。
- ▶第2章「日常会話編」　日常生活によくある場面のフレーズを練習します。
- ▶第3章「中国旅行編」　旅行で実践的に使えるフレーズを練習します。
- ▶第4章「ビジネス会話編」　ビジネスでよく使う表現を練習します。
- ▶第5章「文法活用編」　どんな文法が会話でどのように使われているかを確認しながら練習をします。

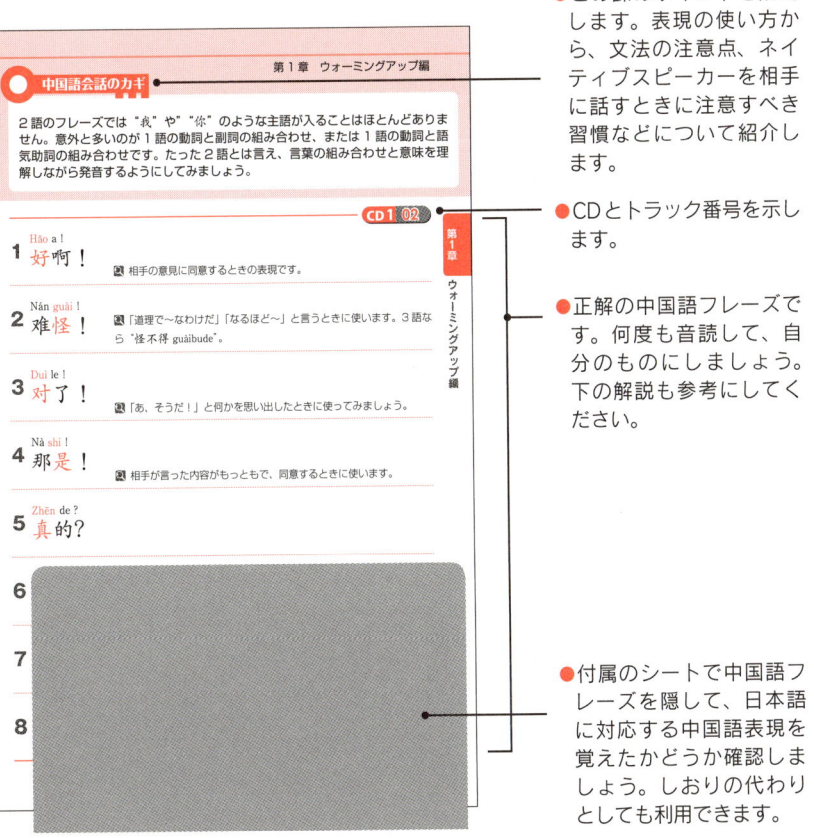

- ●この課のポイントを説明します。表現の使い方から、文法の注意点、ネイティブスピーカーを相手に話すときに注意すべき習慣などについて紹介します。
- ●CDとトラック番号を示します。
- ●正解の中国語フレーズです。何度も音読して、自分のものにしましょう。下の解説も参考にしてください。
- ●付属のシートで中国語フレーズを隠して、日本語に対応する中国語表現を覚えたかどうか確認しましょう。しおりの代わりとしても利用できます。

CDの使い方

- CDは2枚あります。本の左ページの「日本語」と右ページの「中国語フレーズ」がどちらも収録されています。
- 「日本語」→(ポーズ)→「中国語フレーズ」の順番で録音されているので、日本語の後に自分で声に出して中国語を言う練習ができます。

[CD録音例]

(例)
天津駅には何時に着きますか。

(ポーズ)　　自分で中国語を言ってみましょう。

什么时候到达天津站？

CDを聞いて自分の言った中国語が正しいかどうか確認しましょう

ナレーター：段文凝

第1章
ウォーミングアップ編

まずは1～4語フレーズの基礎固めから始めましょう。中国語会話の基礎になるフレーズばかりですので、繰り返し練習してすぐに使えるようにしましょう。

●第1課 （CD-1 Track-2）
▼
●第10課 （CD-1 Track-11）

第1課 2語フレーズ 応答表現

▶▶▶▶ さあ、まずは日常会話でよく使われる、たった2語の中国語で構成された超簡単フレーズから始めましょう。

□1 いいよ！ ▶ ___啊！

□2 道理で！ ▶ 难___！
「奇妙と感じるのが難しいほど物事が道理に適っている」と考えましょう。

□3 あ、そうだ。 ▶ ___了！
「そうです」を表す語が入ります。

□4 それはそうだ！ ▶ 那___！

□5 そうですか？ ▶ ___的?
「本当」を表す語が入ります。

□6 間違いありません。 ▶ 没___。

□7 お任せします。 ▶ 随___。

□8 何でもありません。 ▶ 没___。
「こと」を表す語が入ります。

第1章 ウォーミングアップ編

中国語会話のカギ

2語のフレーズでは"我"や"你"のような主語が入ることはほとんどありません。意外と多いのが1語の動詞と副詞の組み合わせ、または1語の動詞と語気助詞の組み合わせです。たった2語とは言え、言葉の組み合わせと意味を理解しながら発音するようにしてみましょう。

CD1 02

1 Hǎo a!
好啊！
- 相手の意見に同意するときの表現です。

2 Nán guài!
难怪！
- 「道理で〜なわけだ」「なるほど〜」と言うときに使います。3語なら"怪不得 guàibude"。

3 Duì le!
对了！
- 「あ、そうだ！」と何かを思い出したときに使ってみましょう。

4 Nà shi!
那是！
- 相手が言った内容がもっともで、同意するときに使います。

5 Zhēn de?
真的？

6 Méi cuò.
没错。
- "错"は「間違い」の意です。

7 Suí biàn.
随便。
- "随"は「任せる」の意。「あなたにお任せします」は"随你的便"と言います。

8 Méi shì.
没事。
- 「何でもない」の他に「大したことはない」という意味もあります。

第2課 2語フレーズ 定型表現

▶▶▶▶ 中国語でのコミュニケーションには「決まり文句」は欠かせません。意味を理解しながら発音してみましょう。

□1 すばらしい！ ▶不___！
　日本語でもプラスの評価をするときに「悪くない」と否定表現を使ったほめ言葉を言いますね。

□2 かっこいい！ ▶真___！

□3 行きましょう！ ▶___吧！

□4 気をつけて！ ▶___心！
　形容詞が入ります。

□5 うそばっかり。 ▶___人。
　嘘を言う人は「だます人」と考えましょう。

□6 もう、いいや。 ▶___了。
　「止めにする」という動詞を使います。

□7 いやだ。 ▶讨___。
　「嫌がる」という語が入ります。

□8 ダメ。 ▶不___。
　"好"はここでは使いません。

中国語会話のカギ

第1章 ウォーミングアップ編

たった2語とは言え、漢字を1語ずつ区切ってみると、フレーズを表す意味がよく理解できます。2 "真帅"は「副詞＋形容詞」、3 "走吧"は「動詞＋語気助詞」など、ひとつひとつの漢字がどのような意味と役割をしているのかということを考えてみると、フレーズの内容が理解できて覚えやすくなりますよ。

CD1 03

1 Bú cuò!
不错！
美味しい料理、すばらしい演奏、美しい風景などを賞賛するときに使います。

2 Zhēn shuài!
真帅！
「イケメン」は"帅哥 shuàigē"、「美人」は"美女 měinǚ"と言います。

3 Zǒu ba!
走吧！
「一緒に行こう」と誘うときの他、「そろそろ行こうか」と声をかける際にも使います。

4 Xiǎo xīn!
小心！
"小心"は日本語の「小心者」とは異なり、ネガティブなニュアンスはありません。

5 Piàn rén.
骗人。
「ウソばっかりなんだから」とからかって言うときの他、トラブルに巻き込まれて騙されそうになったときにも使えます。

6 Suàn le.
算了。
あきらめるときに使います。"算"は「やめにする」という意。

7 Tǎo yàn.
讨厌。
"讨厌"は愛嬌のあるニュアンスを含んだ言い方で、女性がよく使います。

8 Bù xíng.
不行。
"行"は「よろしい」という意味です。3語で同じ意味の表現に"没门儿"があります。

第3課 3語フレーズ 応答表現①

▶▶▶▶ 軽声は短く、"儿"は前の単語とのつながりを意識し、発音しましょう。

□1 そのとおりです。 ▶说的___。
「そうです」を1文字の中国語で表すとどうなりますか。

□2 まさか！ ▶不___吧！
可能性を表す助動詞が入ります。

□3 それから？ ▶___ ___呢?

□4 結果はどうなったの？ ▶___ ___呢?

□5 とんでもありません！ ▶___敢当！
否定を表す語が入ります。

□6 あなたはどう思う？ ▶你___呢?
直訳すると「あなたはこの意見についてどう発言しますか」となります。

□7 大丈夫だよ。 ▶没___儿。

□8 問題ありません！ ▶___问题！
英語で言うとNo problem！です。

第1章 ウォーミングアップ編

中国語会話のカギ

相づちを打つときに使う表現は、3 "然后呢？"（それから？）の他に "继续说 Jìxù shuō"（続けて話して）、"我在听 Wǒ zài tīng"（聞いていますよ）、"是这样！Shì zhèiyàng！"（そうなんだ！）などもあります。たった3語とは言え、とても重宝する表現なので相手の話を聞きながら使ってみましょう。

CD1 04

1 Shuōde shì.
说的是。
　"说的对" とも言います。

2 Bú huì ba！
不会吧！
　「まさかそんなことがあるわけがない」という意味になります。

3 Ránhòu ne？
然后呢？
　"呢" は語気助詞です。"然后" は「それから」「その後」という意味です。

4 Jiéguǒ ne？
结果呢？
　"呢" は語気助詞です。

5 Bù gǎndāng！
不敢当！
　ほめられたときの応答表現として使います。"～敢" は「～する気がある」という意味です。

6 Nǐ shuō ne？
你说呢？
　"你的意见呢 Nǐ de yìjiàn ne？"（あなたの意見は？）も同じ意味です。

7 Méi shìr.
没事儿。
　「大したことはありません」という意味にもなります。

8 Méi wèntí！
没问题！
　"没有问题" と言うこともできます。

第4課 3語フレーズ 応答表現②

どれも会話の流れのなかで、相手の発話に応えるときに使いたいフレーズばかりです。

□**1** わかりました。 ▶ ___ ___ 了。

□**2** それもそうだね。 ▶ ___ 也是。

□**3** たぶんそうでしょう。 ▶ ___ ___ 吧。
「だいたいそんなところでしょう」と考えます。

□**4** ごもっともです。 ▶ 有___ ___。

□**5** お気遣いなく。 ▶ 別___气。

□**6** わかったよ！ ▶ 得了___！
「白状するよ」など、相手に屈服するときに使います。

□**7** ダメ。 ▶ 没___儿。

□**8** ありがとう。 ▶ ___ ___ 你。
同じ漢字を2つ続けます。

中国語会話のカギ

3語フレーズは、提案や勧誘を表す"吧"、疑問文の文末に置いて相手に答えを求める"呢"などの語気助詞、「～も」の意の"也"、禁止を表す"别"などの副詞が入ることがよくあります。初級の方はこれらの文法知識を習得してからフレーズを練習するといいでしょう。

CD1 05

1 Zhīdao le.
知道了。
🔍 "知道"は「知る」「分かる」「承知する」、"明白"はこれまではっきりしなかったものが明らかになるという意味での「わかる」です。

2 Dào yě shì.
倒也是。

3 Dàgài ba.
大概吧。
🔍 "大概"は「だいたい」という意味です。「おそらく」「たぶん」を意味する"可能"は"有可能""很可能"などと言います。

4 Yǒu dàoli.
有道理。
🔍 "道理"は「根拠」「理由」などを意味します。

5 Bié kèqi.
别客气。
🔍 "客气"は「遠慮する」「気を遣う」という意味の動詞です。

6 Dé le ba!
得了吧!

7 Méi ménr.
没门儿。
🔍 "门"は「門」ではなく「方法」という意味です。

8 Xièxie nǐ.
谢谢你。

第5課 3語フレーズ 定型表現①

実用的なフレーズばかりですので、場面を想像し、声に出してみましょう。感情を込めて言ってみましょう。

□1 やったね！ ▶太＿＿了！

□2 とてもすばらしい！ ▶非常＿＿！

□3 大したもんだ！ ▶了＿＿起！

□4 静かにして！ ▶请＿＿＿＿！

□5 信じられない！ ▶我不＿＿！
   日本語と同じ漢字を使います。

□6 落ち着いて。 ▶沉＿＿气。

□7 必ずそうだとは限らないよ。 ▶不＿＿＿＿。
   「～ない」に相当する語が入ります。

□8 ありがた迷惑だよ。 ▶帮＿＿忙。
   「それとは逆に」の意の語が入ります。

第1章 ウォーミングアップ編

中国語会話のカギ

3語フレーズの定型表現は次のものもよく使います。"不骗你 Bú piàn nǐ"（嘘じゃないよ）、"老样子 Lǎo yàngzi"（相変わらずだよ）、ネガティブなことを言われたときに不満を表す「また始まったよ」という意の"又来了 Yòu lái le"も覚えておきましょう。

CD1 06

1 Tài bàng le !
太棒了！
📖「自分が応援しているチームが勝った」「試験に合格した」と言うときにも使えます。

2 Fēicháng hǎo !
非常好！
📖 先生が生徒をほめるときによく使います。

3 Liǎobuqǐ !
了不起！
📖 "不简单 Bù jiǎndān"と同じ意味です。

4 Qǐng ānjìng !
请安静！
📖 中国の美術館や博物館に行くと"安静"と書いた掲示をよく見かけます。

5 Wǒ bú xìn !
我不信！
📖 ここでは"信"は"相信"と同じで、「信じる」という意味です。

6 Chénzhù qì.
沉住气。
📖 "沉不住气"で「気もそぞろ」「落ち着きがなくソワソワしている」という意味になります。

7 Bù yídìng.
不一定。
📖 質問に対し、複数の回答が考えられるときなどに使います。

8 Bāng dào máng.
帮倒忙。
📖「手伝っているつもりが、かえってじゃまをしている」という意味になります。

第6課 3語フレーズ 定型表現②

3語フレーズには2、4、5、7のように先頭に"真"、"別"などの副詞がつくフレーズが多いです。

□1 グッドアイディア！ ▶好＿＿ ＿＿！
"注意"と漢字と発音が似ていますが、意味の異なる2文字がはいります。

□2 かわいいね。 ▶真＿＿ ＿＿。
日本語の「かわいい」を漢字で書いたものと似ています。

□3 お先にどうぞ。 ▶您先＿＿。

□4 面倒だなあ。 ▶真＿＿ ＿＿。
「わずらわしい」という意味の漢字が入ります。

□5 まったく、もう。 ▶＿＿是的。
「本当に」という意味の語が入ります。

□6 耐えられない。 ▶受＿＿了。
否定を表す語が入ります。

□7 話にならない！ ▶別＿＿了！

□8 次回にしよう。 ▶＿＿ ＿＿吧。
「次回」を中国語で何と言いますか。

第1章 ウォーミングアップ編

中国語会話のカギ

6のように動詞や形容詞の後に"不了 buliǎo"(〜できない)、"得了 deliǎo"(〜できる)を置く表現を覚えましょう。"放心吧，忘不了 Fàngxīn bā, wàngbuliǎo"(安心して、忘れないから)、"我明天没事儿，来得了 Wǒ míngtiān méishìr, láideliǎo"(明日は用事がないので、来られます)。ここでの"了"は"liǎo"と発音します。

CD1 07

1 Hǎo zhǔyì!
好主意！
🔍 "主意"は「アイデア」という意味です。会話では「Hǎo zhúyi」と発音することが多いです。

2 Zhēn kě'ài.
真可爱。
🔍 もともとは"可爱"は「愛すべき」という意味です。

3 Nín xiān qǐng.
您先请。
🔍 道を譲るときはこのように言いましょう。

4 Zhēn máfan.
真麻烦。
🔍 "麻烦"は「面倒くさい」という意味です。

5 Zhēnshi de.
真是的。

6 Shòubuliǎo.
受不了。

7 Bié tí le!
别提了！

8 Xiàcì ba.
下次吧。
🔍 "吧"は語気助詞。"下次再说吧 Xiàcì zàishuō ba"は「別の機会に話そう」という意味です。

第7課 4語フレーズ 応答表現

▶▶▶▶ 4語になると表現はさらに広がります。口をついて出るようにしておけば、生活のさまざまな場面でそのまま使えます。

☐ **1** 君の言うとおりだよ。 ▶你说得___。
   「正しい」という意味の一語が入ります。

☐ **2** そんなことはありませんよ。 ▶哪___的话。

☐ **3** 冗談言わないでよ。 ▶___开玩笑。
   「〜しないで」という表現で先頭にくる単語は何でしょうか。

☐ **4** それ、本当なの？ ▶真的___的?
   「本当?」「ウソ?」の語を合わせた疑問文です。

☐ **5** そうかもしれません。 ▶___ ___是吧。

☐ **6** まだ決めていません。 ▶还没___ ___。

☐ **7** もう十分ですよ。 ▶已经___了。
   「十分です」「たくさんです」という意味の単語は何でしょうか。

☐ **8** なんだ、そういうことなのか。 ▶原来___此。
   「このようなことだったのですね」の「〜のような」という意の語が入ります。

中国語会話のカギ

第1章 ウォーミングアップ編

5、6、8のフレーズは以下の表現もあわせて覚えておきましょう。5「そうかもしれません」は"有可能吧 Yǒu kěnéng ba"、6「まだ決めていません」は"还没定好 Hái méi dìng hǎo"、8「なんだ、そういうことなのか」は"原来是这样 Yuánlái shì zhèyàng"。

CD1 08

1 Nǐ shuō de duì.
你说得对。
- "你说得是"と言うこともできます。

2 Nǎli de huà.
哪里的话。
- "儿"を使って"哪儿的话"とも言います。

3 Bié kāi wánxiào.
别开玩笑。

4 Zhēn de jiǎ de?
真的假的？
- 口語でよく使います。"是真的吗？"も同じ意味で使います。

5 Yěxǔ shì ba.
也许是吧。
- 「～かもしれない」は"也许"と言います。

6 Hái méi juédìng.
还没决定。
- "决定"は日本語の漢字の「決定」とは異なります。

7 Yǐjing gòu le.
已经够了。
- 「これ以上は要りません」という意思表示をするときに使います。

8 Yuánlái rúcǐ
原来如此。
- "原来"は「意外だ」「なんだ、そうか」、"如此"は「このようである」という意の表現です。

第8課 4語フレーズ 定型表現

▶▶▶▶ 4語になってもリズムに気をつけて正しく発音してみましょう。

□1 はじめまして！ ▶初__ 见面！
　1回、2回の「回」という意味の語が入ります。

□2 久しぶり！ ▶好久___见！
　否定形をつくる語が入ります。

□3 最近忙しい？ ▶最近___吗？
　日本語と同じ漢字が入ります。

□4 心配いりません。 ▶不用___ ___。

□5 遠慮はいりません。 ▶不用___ ___。

□6 うらやましい。 ▶真___ ___你。

□7 おもしろい。 ▶很有___ ___。

□8 よくわかりません。 ▶不太___ ___。

第1章 ウォーミングアップ編

中国語会話のカギ

フレーズは語数がいくつであっても単語をそれぞれ区切ると意味がわかりやすくなります。例えば、**1**は"初次"（初めて）と"见面"（会う）で"初次见面"（初めまして）、**2**は"好久"（とても久しく）と"不见"（会わない）で"好久不见"（久しぶり）と考えましょう。

CD1 09

1 Chūcì jiànmiàn!
初次见面!
📖 初対面の人への自己紹介のときには欠かせないフレーズです。

2 Hǎo jiǔ bú jiàn!
好久不见!
📖 "好"はここでは「とても」という意味です。

3 Zuìjìn máng ma?
最近忙吗?
📖 「最近、どう？」は"最近怎么样？Zuìjìn zěnmeyàng？"と言います。

4 Bú yòng dānxīn.
不用担心。
📖 "用不着担心 Yòngbuzháo dānxīn"とも言います。

5 Búyòng kèqi.
不用客气。
📖 "不客气 Bú kèqi"または"用不着客气 Yòngbuzháo kèqi"とも言います。

6 Zhēn xiànmù nǐ.
真羡慕你。
📖 日本語では「うらやましい」だけで表現できますが、中国語では"你"などの目的語をつけます。

7 Hěn yǒu yìsi.
很有意思。
📖 "没有意思"、"没意思"で「つまらない」という意味になります。

8 Bú tài qīngchu.
不太清楚。
📖 "清楚"は「きちんと理解される」という意味です。日本語の「清楚（せいそ）」の意味はありません。

第9課 四字成語①

成語から4文字のものを集めました。日本語の4字熟語のように場面に応じて的確に使えるように練習しましょう。

□ 1 約束を守る。 ▶一言为___。

□ 2 来るまで待つ。 ▶不见不___。
「会えなければその場を離れない」という意味です。

□ 3 謹んで聞く。 ▶___耳恭听。
神聖な場で参拝や礼拝の前に行う行為は何でしょう。

□ 4 当然のことだ。 ▶___所当然。

□ 5 何でもある。 ▶应有___有。
「あるべきものはすべてある」という意味になります。

□ 6 人が大勢いる。 ▶人___人___。
大自然のひとつ。日本語でも量が多いことをこの単語を使って表します。

□ 7 希少価値。 ▶百里___一。
「選ぶ」という動詞が入ります。

□ 8 子どもの立派な成長を望む。 ▶望子成___。
中華文化を象徴する動物が入ります。

30

中国語会話のカギ

第1章 ウォーミングアップ編

日本人が四字熟語や慣用句を使うのに比べて、中国人が日常会話で成語を使う頻度は高く、使う成語のバリエーションも豊富です。中国の小学生の教科書には成語がたくさん載っています。中国人は幼い頃から成語と身近に接しているので、日常会話で成語を使うのはごく当たり前のことなのです。

CD1 10

1 Yì yán wéi dìng.
一言为定。
🔍 "一"は「一旦」、"言"は「言う」、"为"は「〜とする」、"定"は「決定」と考えましょう。

2 Bú jiàn bú sàn.
不见不散。

3 Xǐ ěr gōng tīng.
洗耳恭听。
🔍 直訳は「耳を傾ける」のではなく「耳を洗って丁重に聴く」となります。

4 Lǐ suǒ dāngrán.
理所当然。
🔍 "理"には「条理」「道理」などの意味があります。

5 Yīng yǒu jìn yǒu.
应有尽有。

6 Rén shān rén hǎi.
人山人海。
🔍 「山や海のように人がいる」と、大勢の人がいる様子を表します。

7 Bǎi lǐ tiāo yī.
百里挑一。
🔍 めったにみつからない物や人材を表すときに使います。

8 Wàng zǐ chéng lóng.
望子成龙。
🔍 「子供が成長して龍のように立派な人物になることを望む」という親の願いを表した成語です。

四字成語②

▶▶▶▶ 成語はそのまま単独で使えるほか、"不好意思，我五音不全"のようにフレーズのなかに入れて使うこともできます。

☐ **1** 意余って力足らず。 ▶ 力不＿＿心。
　🅠「従う」という意味の動詞を使いましょう。

☐ **2** 災いは重なるものだ。 ▶ 禍不＿＿行。

☐ **3** 不思議だ。 ▶ 不可＿＿ ＿＿。

☐ **4** 多種多様である。 ▶ ＿＿花＿＿门。
　🅠 両方とも数字が入ります。

☐ **5** めちゃくちゃだ。 ▶ 乱＿＿ ＿＿糟。
　🅠 両方とも数字が入ります。

☐ **6** 口が堅い。 ▶ 守口如＿＿。
　🅠「ビンのフタをふさいだかのようにかたく口を閉じて何も言わない」と考えましょう。

☐ **7** 自分のやり方を通す。 ▶ ＿＿行＿＿素。
　🅠「私」を表す単語が入ります。

☐ **8** 音痴。 ▶ ＿＿音不全。
　🅠 数字が入ります。

中国語会話のカギ

中国人と話をするときに、成語を盛り込みながら会話をすると、中国語の能力を高く評価されます。日本人と異なり、中国人はスピーチなど格式ばった場だけでなく、日常会話で成語を使います。まずは実際の会話で使ってみないことには始まらないので、慣れるまで成語をたくさん使ってみましょう。

CD1 11

1 Lì bù cóng xīn.
力不从心。
"心有余而力不足 Xīn yǒu yú'ér lì bù zú" と同じです。

2 Huò bù dān xíng.
祸不单行。
「泣きっ面に蜂」と同じで「災いは単独ではやって来ない」ということを表します。

3 Bù kě sī yì.
不可思议。

4 Wǔ huā bā mén.
五花八门。
"各种各样 Gè zhǒng gè yàng" という成語も「さまざまな」という意味があります。

5 Luàn qī bā zāo.
乱七八糟。
部屋などが散らかっている状態のことを言うときにも使えます。

6 Shǒu kǒu rú píng.
守口如瓶。

7 Wǒ xíng wǒ sù.
我行我素。
自分の「素行」のままということを表します。

8 Wǔ yīn bù quán.
五音不全。
"五音" とは、中国伝統音楽の5音階で、ド・レ・ミ・ソ・ラに相当します。

コラム 1

中国語の発音は、正しい口の形から

　中国語の発音がなかなかマスターできず、難しいという方が多いのではないでしょうか。

　発音は、母音の口の開き方をしっかりと身につけることから始まります。自分の口がどのように開いているかを確認するのは、なかなか難しいものです。そのような場合は、中国語の正しい発音をする口の開け方を示した絵や写真、手鏡を用意し、自分の口の形をお手本と見比べて矯正してみるといいでしょう。意外と、母音の口の開け方が合っていない方が多いのです。焦らず、じっくり時間をかけて真似をして覚えましょう。最初は疲れますが、何度も発音していると口の筋肉が慣れてきてだんだん発音しやすくなりますよ。

　母音を発声するときの正しい口の形がある程度できたら、次は発音を練習しましょう。zhi と ji の違い、chi と qi の違い、shi と xi の違い、zi、ci、si の違い、si、su、se の違い、ri と li の違い、an、ang、en、eng の違いがわからず、発音できないという人が多いのではないでしょうか。捲舌音（zhi、chi、shi、ri）は聞いてはわかるものの発音ができない、という人もいます。中国語の発音には、日本語にはない音もたくさんあるので、じっくりと時間をかけて、ひとつひとつ克服して行きましょう。"坚持就是胜利 Jiānchí jiùshì shènglì"（継続は力なり）ですよ。

第2章
日常会話編

日常生活においてよく使う会話フレーズを各場面で厳選しました。しっかりマスターして活用しましょう。

- 第11課　（CD-1 Track-12）
  ▼
- 第40課　（CD-1 Track-41）

第11課 性格

▶▶▶▶ 人の性格を表すさまざまな表現を中国語で言ってみましょう。自己紹介の際に自分の性格を簡単に説明できるといいですね。

□1 あなたって、なんでこんなに自分勝手なの？
　Q「自分勝手」は"自私"と言います。

□2 そんなに頑固になるなよ。
　Q「頑固」は"固执"を使ってみましょう。

□3 君は彼女にとても思いやりがあるね。
　Q「思いやりがある」は"体贴"を使いましょう。

□4 彼はとても真面目なので、成績は優秀です。
　Q「真面目」は"认真"を使いましょう。

□5 彼女は好奇心がとても強いです。
　Q「好奇心」は日本語と同じ"好奇心"です。

□6 彼女はユーモアがあるので、クラスの中で人気があります。
　Q「人気がある」は"很有人气"を使ってみましょう。

□7 君は気立てがよくておだやかだね。
　Q「おだやか」は"温柔"を使いましょう。

□8 うちの父の性格は明るくて世話好きです。
　Q「明るい」という性格を表す語は"开朗"です。

中国語会話のカギ

性格を表す単語を覚えておくと自分自身のアピールのほか、第三者のことを話すときにも役立ちます。1～8のフレーズの他、"冷淡 lěngdàn"（冷たい）、"害羞 hàixiū"（恥ずかしい）、"认生 rènshēng"（人見知り）、"爱情不专一 àiqíng bù zhuānyī"（浮気性）なども覚えておきましょう。

CD1 12

1 Nǐ zěnme zhème zìsī a?
你怎么这么自私啊？

> 「他の人のことはかまわずに我が道を行く」は "我行我素 Wǒ xíng wǒ sù" と言います。

2 Búyào nàme gùzhí.
不要那么固执。

> 「石頭」は、"死心眼儿 sǐxīnyǎnr" "死脑筋 sǐnǎojīn" と言います。

3 Nǐ duì tā fēicháng tǐtiē ya.
你对她非常体贴呀。

4 Yīnwèi tā fēicháng rènzhēn, suǒyǐ tā de chéngjì hěn hǎo.
因为他非常认真，所以他的成绩很好。

> 「真面目」は "认真"、仕事の態度が堅実である様子は "踏实 tāshi" と言います。

5 Tā de hàoqíxīn qiáng de hěn.
她的好奇心强得很。

> "好奇" の "好" は3声ではなく4声です。気をつけましょう。

6 Yīnwèi tā hěn yōumò, suǒyǐ tā zài bānli hěn yǒu rénqì.
因为她很幽默，所以她在班里很有人气。

> "受欢迎" を使い、"受班里同学们的欢迎 shòu bān lǐ tóngxué men de huānyíng" とすることもできます。

7 Nǐ xìnggé zhēn wēnróu.
你性格真温柔。

> 「気立てが良い」は "性情温和 xìngqíng wēnhé" とも言います。

8 Wǒ bàba xìnggé kāilǎng, wéi rén rèqíng.
我爸爸性格开朗，为人热情。

> 「厳しい性格」は "严格 yángé" と言います。

第12課 恋愛

日本語と同じで、中国語での愛の告白も相手の記憶に残るように、ゆっくりと話すのが鉄則です。

□1 **君はどうしてこんなにかわいいんだ。**
「かわいい」は"可愛"を使ってみましょう。

□2 **あなたと一緒にいると幸せな気持ちになれるわ。**
「あなたと一緒」という条件の下で初めて「幸せになる」と考え、"才"を使いましょう。

□3 **私のこと好き？**
直訳すると「あなたは私が好きですか」という意味になります。

□4 **君じゃないとダメなんだ。**
"非～不可"の構文を使いましょう。

□5 **付き合ってもらえますか。**
「恋人になって付き合う」は"交往"と言います。

□6 **ぼくはもう君から離れられなくなっているよ。**
「離れられない」は"离不开"を使って表現しましょう。

□7 **あなたがいないと生きていけないわ。**
"下去"を使って将来のことを言ってみましょう。

□8 **ぼくは本気だよ。結婚しようよ。**
「本気」は"真心"を使ってみましょう。

第2章 日常会話編

中国語会話のカギ

恋愛に関するキーワードもチャンスがあったらどんどん使ってみたいものですね。"认识 rènshi"（出会う）、"谈恋爱 tán liàn'ài"（恋をする）、"情书 qíngshū"（ラブレター）、"约会 yuēhuì"（デートする）、"牵手 qiānshǒu"（手をつなぐ）、"我爱你"（愛してる）。

CD1 13

1 Nǐ zěnme zhème kě'ài?
你怎么这么可爱?

2 Wǒ gēn nǐ zài yìqǐ cái juéde xìngfú.
我跟你在一起才觉得幸福。
🔍 "才"は「〜してはじめて」というニュアンスがあります。

3 Nǐ xǐhuan wǒ ma?
你喜欢我吗?

4 Wǒ fēi nǐ bùkě.
我非你不可。

5 Gēn wǒ jiāowǎng, hǎo ma?
跟我交往，好吗?

6 Wǒ yǐjing líbukāi nǐ le.
我已经离不开你了。
🔍 "离开"は「元の場所から離れる」の意です。

7 Méiyǒu nǐ wǒ huóbuxiàqù.
没有你我活不下去。
🔍 "你"と"我"との間に短くポーズを入れて言いましょう。

8 Wǒ shì zhēnxīn de. Gēn wǒ jiéhūn ba.
我是真心的。跟我结婚吧。

第13課 お礼を言う

▶▶▶▶ 相手にお礼を言うときは"谢谢你"の後にお礼の内容を続けましょう。

□ 1 プレゼントをありがとう。
「プレゼント」は"礼物"と言います。

□ 2 引越しを手伝ってくれてありがとう。
「手伝う」は"帮"を使いましょう。

□ 3 協力してくれてありがとう。

□ 4 いつも愚痴を聞いてくれてありがとう。
「愚痴」は"牢骚"と言います。

□ 5 手伝ってもらって本当に助かりました。

□ 6 心から御礼申し上げます。
「心から」は"衷心"を使いましょう。

□ 7 お心遣いをいただき、ありがとうございます。
"关心"を使いましょう。

□ 8 何から何までお世話になり、ありがとうございました。
「世話をする」は"照顾"と言います。

第2章 日常会話編

中国語会話のカギ

"谢谢"、"谢谢你"と相性の良い単語が"照顾"、"关心"です。"谢谢你的照顾"（お世話になりました）、"谢谢你的关心"（気にかけてくれてありがとうございます）なども使ってみましょう。また、フォーマルな場では"衷心"（誠に）、"合作"（ご協力）などの言葉もよく使うので、合わせて覚えましょう。

CD1 14

Xièxie nǐ de lǐwù.
1 谢谢你的礼物。

🔍 "非常可爱"（とてもかわいい）、"非常有用"（とても役に立つ）などと一言加えて言ってみましょう。

Xièxie nǐ bāng wǒ bānjiā.
2 谢谢你帮我搬家。

🔍 「～してくれてありがとう」は、"谢谢你～"と、"你"を主語とする兼語文をつくりましょう。

Xièxie nǐmen de hézuò.
3 谢谢你们的合作。

🔍 "合作"には「協力する」という意味があります。

Xièxie nǐ chángcháng tīng wǒ fā láosao.
4 谢谢你常常听我发牢骚。

🔍 "牢骚"は「愚痴」で、"发牢骚"で「愚痴を言う」になります。

Nǐ kě bāngle wǒmen de dà máng.
5 你可帮了我们的大忙。

🔍 "帮忙"は「手伝う」という意味の言葉ですが、目的語が付く場合は間に入ることに注意しましょう。

Jǐn zhì yǐ zhōngxīn de gǎnxiè.
6 谨致以衷心的感谢。

🔍 フォーマルな場面や書類を書くときによく使います。

Xièxie nín de guānxīn.
7 谢谢您的关心。

🔍 "关心"は日本語の「関心」と意味が違うので、注意しましょう。

Xièxie nǐmen wú wēi bú zhì de zhàogu.
8 谢谢你们无微不至的照顾。

🔍 病人の世話をする場合には"照料"を使うこともできます。

第14課 お詫びを言う

▶▶▶▶ 日常生活の中でお詫びを言うケースはさまざまです。以下の表現と礼儀正しい態度でお詫びの気持ちを伝えましょう。

☐ 1 本を返すのをずっと忘れていてごめんなさい。
　　　Q 「ずっと」は"一直"を使います。

☐ 2 君の杏仁豆腐を食べてしまってごめんなさい。

☐ 3 勘違いをしており、すみません。
　　　Q 「勘違い」は"弄錯"と言いましょう。

☐ 4 遅れてしまってすみません。

☐ 5 申し訳ございません。もっと早くあなたに電話をするべきでした。
　　　Q 「申し訳ない」という意味の"抱歉"を使いましょう。

☐ 6 どうかお許し願います。
　　　Q "希望"を使ってみましょう。

☐ 7 ご迷惑をおかけし、申し訳ございません。
　　　Q ここでの「ご迷惑」は"麻煩"です。

☐ 8 話をしっかり聞いておらず、申し訳ございません。
　　　Q "清楚"を使います。

中国語会話のカギ

"对不起"は"不好意思"より丁寧に謝る表現です。"对不起"は「すみません」、"不好意思"は「ごめん」と考えましょう。また、"抱歉"は「申し訳ない」、"请原谅"は「お許しください」と深くお詫びをしたいときに使う表現です。

CD1 15

1 Bù hǎoyìsi, wǒ yìzhí wàng huán nǐ shū le.
不好意思，我一直忘还你书了。

"还"は「huán」と読み、「返す」という動詞になります。"hái"と読むと「まだ」という副詞になります。

2 Bù hǎoyìsi, wǒ chīle nǐ de xìngrén dòufu.
不好意思，我吃了你的杏仁豆腐。

3 Duìbuqǐ, shì wǒ nòngcuò le.
对不起，是我弄错了。

"弄错"の他に"误会 wùhuì""误解 wùjiě"と言うこともできます。

4 Shízài duìbuqǐ, wǒ chídào le.
实在对不起，我迟到了。

5 Zhēn bàoqiàn, wǒ yīnggāi gèn zǎo gěi nǐmen dǎ diànhuà.
真抱歉，我应该更早给你们打电话。

"打电话"の代わりに"打个电话"と言ってもOKです。

6 Xīwàng nín néng yuánliàng wǒ.
希望您能原谅我。

自分を許してくれるかは相手次第なので、"希望"と言います。

7 Gěi nín tiān máfan le, shízài duìbuqǐ.
给您添麻烦了，实在对不起。

"添麻烦"は「迷惑をかける」「面倒をかける」という意味です。

8 Zhēn duìbuqǐ, wǒ méiyǒu tīng qīngchu.
真对不起，我没有听清楚。

"清楚"に他に"明白"と言うこともできます。

第15課 お願いをする

▶▶▶▶ お願いをする表現はコミュニケーションの基本です。しっかり練習しましょう。

□1 私の言うことを聞いてよ。
　"听"と"说"の両方を使ってみましょう。

□2 ちょっと静かにしてもらえますか。
　"安静"を使ってみましょう。

□3 隣にいらっしゃる方を私に紹介してください。
　"给"を使います。

□4 荷物を運ぶのを手伝ってもらえますか。

□5 もう少しゆっくり話してもらえますか。

□6 私にファックスを送ってください。
　「ファックス」は"传真"と言います。

□7 あなたのファンです。サインをいただけますか。
　「ファン」は英語の fans からつくられた新語を使います。

□8 この英文を中国語に訳してください。
　"成"を使ってみましょう。

中国語会話のカギ

"麻烦〜"は丁寧にお願いしたいとき、"能不能〜"は相手に自分のお願いをかなえてくれる能力があるかどうか聞くときに使います（**8**は英語を中国語に翻訳できればお願いしたいという意味）。"〜好吗？"は「〜いいですか」とお願いしたり、相手にお願いしていることをはっきりと伝えるときに用います。

CD1 16

1 Nǐ tīng wǒ shuō.
你听我说。

2 Néng bu néng ānjìng diǎnr?
能不能安静点儿？
🔍 "请安静点儿，好吗？"と言っても大丈夫です。

3 Qǐng gěi wǒ jièshào yíxià nǐ pángbiān de zhèi wèi.
请给我介绍一下你旁边的这位。
🔍 友人同士がフランクに紹介し合う場合は"这位是…？"（こちらの人は？）です。

4 Máfan nǐ bāng wǒ bān yíxià xínglǐ, hǎo ma?
麻烦你帮我搬一下行李，好吗？
🔍 最後に"好吗？"をつけると、相手にお願いしていることをはっきりと伝えられます。

5 Nǐ néng màn diǎnr shuō ma?
你能慢点儿说吗？
🔍 さらに丁寧に言うなら"麻烦您能说慢一点儿吗？"です。

6 Qǐng gěi wǒ fā ge chuánzhēn.
请给我发个传真。
🔍 ファックス番号は"传真号码"です。

7 Wǒ shì nǐ de dà fěnsī, kěyǐ bāng wǒ qiānmíng ma?
我是你的大粉丝，可以帮我签名吗？
🔍 大ファンの場合には、"超级大粉丝"と言います。

8 Néng bu néng bǎ zhèi Yīngwén de wénzhāng fānyì chéng Zhōngwén?
能不能把这英文的文章翻译成中文？
🔍 「AをBに訳す」は"把A翻译成B"です。

第16課 許可を求める

できるかどうかをたずねる"可以"、自分にさせてほしいと要求する"让"を使った表現を練習しましょう。

□1 先に行ってもいいですか。
「行く」は"行"ではありません。

□2 これをコピーしていいですか。
「コピーをとる」は"复印"を使いましょう。

□3 冷房を強くしてもいいですか。

□4 友達のパーティーに行ってもいいですか。
「パーティーに行く」は「行く」「参加する」の2つの動詞を使います。

□5 この肉まんをひと口食べさせて。
使役の助動詞"让"を使います。

□6 もう少し辛くしてもいい？
「辛い」は"辣"と言います。

□7 このネックレスを買ってもいい？

□8 ここでちょっと充電をさせてもらえませんか。
「充電」は日本語と同じ漢字を使いますが、離合詞です。

中国語会話のカギ

第2章 日常会話編

許可を求める表現は"可以"、"能"、"好吗"の他に"让我～"（私に～させてくれませんか）の使役を使った表現があります。"可以让我去吗 Kěyǐ ràng wǒ qù ma?"（私に行かせてくれませんか）や"让我去，好吗? Ràng wǒ qù, hǎo ma?"（私に行かせてください。いいですか）などのように組み合わせて使うこともできます。

CD1 17

1 Wǒ kěyǐ xiān zǒu ma?
我可以先走吗？

2 Zhèige kěyǐ jiè wǒ fùyìn yíxià ma?
这个可以借我复印一下吗？
"借"を使うと「貸してくれる？」というニュアンスを伝えられます。

3 Wǒ néng bǎ lěngqì kāi dà yì diǎnr ma?
我能把冷气开大一点儿吗？

4 Wǒ kěyǐ qù cānjiā péngyǒu de jùhuì ma?
我可以去参加朋友的聚会吗？
「パーティー」は"晚会"や"联欢会"とも言います。南方ではpartyを音訳した"派对 pàiduì"がよく使われます。

5 Ràng wǒ cháng yì kǒu zhè bāozi.
让我尝一口这包子。
"尝一口"は「ガッツリ食べる」ではなく「（味見程度に）一口食べる」という意です。

6 Kěyǐ zài jiā là yìdiǎndiǎn ma?
可以再加辣一点点吗？
"一点点"で「ほんのちょっとだけ」というニュアンスを出します。

7 Wǒ kěyǐ mǎi zhèige xiàngliàn ma?
我可以买这个项链吗？
"可以～吗?"は、「いいですか？」と許可を求める最もシンプルなフレーズのひとつです。

8 Néng bu néng ràng wǒ zài zhèr chōng yíxià diàn?
能不能让我在这儿充一下电？

第17課 ほめる

「ほめる」フレーズを言うときは、どこにストレスを置くか注意しましょう。赤字の部分をしっかり覚えましょう。

☐ 1 それはいいことだ！
　"太〜了"を使って表現してみよう。

☐ 2 君の中国語のスピーチはとてもすばらしいね。
　「とてもすばらしい」は「非常によい」と考えましょう。

☐ 3 お目が高いね。
　"有眼光"を使いましょう。

☐ 4 君の着こなしはとてもかっこいいね。
　服だけがかっこいいのではなく、「着ている様子がかっこいい」と考えましょう。

☐ 5 君の言うことはスジが通っている。
　"道理"を使いましょう。

☐ 6 君はぼくらの誇りだ。
　「誇り」は"骄傲"を使いましょう。

☐ 7 あなたは本当に勇敢だわ！

☐ 8 運転免許をとったの？　偉いね！
　「運転免許」は"驾照"と言います。

中国語会話のカギ

第2章　日常会話編

積極的にほめる表現を身に付けておくと会話が弾みます。**4**の"酷"（かっこいい）や**8**"棒"（すごい）などのような語彙を増やすことはもちろん大事ですが、"太～了！"（すごく～だね）、"你真～！"（あなたは本当に～だね）のようなフレーズも使いこなせるようにしましょう。

CD1　18

1 Nà tài hǎo le!
那太好了！

2 Nǐ de Zhōngwén yǎnjiǎng fēicháng hǎo.
你的中文演讲非常好。
  "非常好"の他に"很标准"、"真不错"も「すばらしいね」という意味です。

3 Nǐ zhēn yǒu yǎnguāng a.
你真有眼光啊。

4 Nǐ chuān de fēicháng kù.
你穿得非常酷。
  "酷"は「酷い」ではなく、「カッコイイ」「魅力的である」という意味です。英語のcoolの音訳です。

5 Nǐ shuō de yǒu dàolǐ.
你说得有道理。
  "道理"は「道理」「根拠」という意味です。

6 Nǐ shì wǒmen de jiāo'ào.
你是我们的骄傲。

7 Nǐ zhēn yǒnggǎn!
你真勇敢！

8 Nǐ kǎoshàng jiàzhào le ma?　　Tài bàng le!
你考上驾照了吗？　　太棒了！
  日本語では免許を「取得する」と言いますが、中国語では"考上"（合格する）という単語を使います。

第18課 反対意見を言う

▶▶▶▶ 反対意見を述べるには勇気が要りますが、以下のフレーズを参考に自分の考えを相手に伝えられるようにしましょう。

---

1 あなたのおっしゃることがよくわかりません。
  🔍 「おっしゃること」は話している（内容の）意味と考えましょう。

---

2 私はそうは思いません。
  🔍 目の前で話している人に言うので「そう」を「こう」にして訳しましょう。

---

3 おっしゃりたいことはわかりますが、現実はそうではありません。

---

4 私が彼を怒らせたですって？ それは誤解ですよ。
  🔍 「誤解」は"误解"か"误会"を使ってみましょう。

---

5 私は賛成しません。
  🔍 やや強めの表現になりますが、このまま訳しましょう。

---

6 私はそういう考え方に反対です。
  🔍 「反対」は中国語でも"反对"と言います。

---

7 私は到底同意できません。
  🔍 「あなたの意見に同意する方法などない」と考えましょう。

---

8 誰が賛成するものか！
  🔍 "会"を使って反語表現にしてみましょう。

中国語会話のカギ

第2章 日常会話編

何かに反対だと意思表示をするときは"我反对〜"や"我不赞成〜"の後に反対する"内容 nèiróng"（内容）、"想法 xiǎngfǎ"（考え方）、あるいは"意见 yìjiàn"（意見）を付け加えて言ってみましょう。

Wǒ bù qīngchu nín shuō de yìsi
1 我不清楚您说的意思。

🔍 "不清楚"のほかに"不明白"を使うこともできます。

Wǒ bú zhème xiǎng.
2 我不这么想。

🔍 "我不这么觉得"という言い方もあります。

Wǒ míngbai nín shuō de nèiróng, kě xiànshí bú shì nàyàng.
3 我明白您说的内容，可现实不是那样。

🔍 「しかし」は"可"、もしくは"可是"を使います。

Wǒ ràng tā shēngqì le? Shì wùhuì ba.
4 我让他生气了？ 是误会吧。

Wǒ bú zànchéng.
5 我不赞成。

🔍 "我不同意你的意见"（私はあなたの意見に同意しません）でも OK です。

Wǒ fǎnduì zhèi zhǒng xiǎngfǎ.
6 我反对这种想法。

🔍 「賛成」も中国語でも"赞成"と言います。

Wǒ wúfǎ tóngyì nín de yìjiàn.
7 我无法同意您的意见。

Shéi huì tóngyì ya !
8 谁会同意呀！

第19課 好き／嫌い

好き、嫌いは"喜欢""不喜欢"を使わなくても表現することができます。この課のフレーズを使って練習してみましょう。

☐ **1** 料理を作るのがとても好きです。
   "爱"を使います。

☐ **2** 部屋の掃除は、大っ嫌いなんです。
   "讨厌"を使ってみましょう。

☐ **3** 私はあの女優が好きです。
   「女優」は"女演员"と言います。

☐ **4** ロックよりもジャズを聴くのが好きです。
   比較の表現を使ってみましょう。「ロックよりも〜」は「ロックと比べると、〜」と考えます。

☐ **5** 田舎での生活と都会での生活ではどちらが好きですか。
   「田舎」は"乡村"、「都市」は"城市"と言います。

☐ **6** 派手な格好は目障りだ。
   「目障りだ」は"看不惯"を使ってみましょう。

☐ **7** 毎日ルーティンワークばかりで嫌になります。
   「嫌になる」は"厌烦"と言ってみましょう。

☐ **8** そんなふうに言うなんて、なんて下品なんだ！
   「聞いていていやな感じ」という意の"难听"を使いましょう。

第2章 日常会話編

中国語会話のカギ

1の"爱"はここでは「愛する」のではなく、「とても好きだ」という意味です。"爱"は「頻繁に〜する」という場合にも使われます。また、7の"使人厌烦"のように使役動詞を使って「人の感情を〜させる」と言って好き嫌いを表すこともできます。

CD1 20

Wǒ ài zuò cài.
1 我爱做菜。

> "爱"は「とても好き」の意味です。

Wǒ fēicháng tǎoyàn dǎsǎo fángjiān.
2 我非常讨厌打扫房间。

Wǒ xǐhuan nèige nǚ yǎnyuán.
3 我喜欢那个女演员。

Gēn yáogǔnyuè bǐ, wǒ háishi xǐhuān tīng juéshìyuè.
4 跟摇滚乐比，我还是喜欢听爵士乐。

Nǐ xǐhuān xiāngcūn háishi chéngshì de shēnghuó？
5 你喜欢乡村还是城市的生活？

> 4の"还是"は「やはり〜のほうがいい」という副詞、5の"还是"は「〜か、それとも」という接続詞です。

Wǒ kànbuguàn dǎban de nàme huāshao.
6 我看不惯打扮得那么花哨。

> "看不惯"は「目に慣れない」→「見るのがいや」と考えます。

Měitiān dōu yào zuò tóngyàng de gōngzuò, zhēn shǐ rén yànfán.
7 每天都要做同样的工作，真使人厌烦。

> "使"の用法は第87課を参照してください。

Nǐ jìngrán shuō zhème nántīng de huà！
8 你竟然说这么难听的话！

> "竟然"は、「思いもよらず」、「あろうことか」という意味です。

第20課 悲しい／残念だ

ネガティブな感情を表すフレーズを練習します。「残念」から「ご愁傷様」まで基本をおさえておきましょう。

☐ 1 残念、昨日買ったばかりの水蜜桃がもう腐っちゃった。
　　Q 「腐る」と「壊れる」は同じ単語を使います。

☐ 2 惜しいなあ、合格まであと2点だったのに。
　　Q "可惜"を使ってみましょう。

☐ 3 残念、あの人にもう恋人がいたなんて。

☐ 4 君がつらいのはよくわかりますよ。
　　Q 「辛い」は"难过"を使いましょう。

☐ 5 残念ながら、約束があって行けません。
　　Q 「約束」は中国語では"約束"とは言いませんよ。

☐ 6 あなたがいなくてとても悲しいです。
　　Q 「悲しい」は「つらい」という形容詞を使います。

☐ 7 彼と一緒に遊園地に行けないなんて、とてもがっかりだ。
　　Q 「がっかりする」は"失望"を使います。

☐ 8 ご愁傷様です。
　　Q 「家人のご不幸に対し哀悼の意を表する」と考えます。

中国語会話のカギ

第2章 日常会話編

日本人は悲しみをグッとこらえたりしますが、中国語圏の人はよく言葉で悲しみを表現します。"难过"（つらい）や"悲伤 bēishāng"（悲しい）という表現を覚えて相手に伝えましょう。また、「残念」という表現で「惜しい」と言いたいときは"可惜"を、「心残りだ」と言いたいときは"遗憾 yíhàn"を使いましょう。

CD1 21

1 Hěn kěxī, zuótiān gāng mǎi de shuǐmìtáo yǐjing huài le.
很可惜，昨天刚买的水蜜桃已经坏了。

> 「残念」という感情は、"很可惜"だけ単独で使えます。

2 Hěn kěxī, zhǐ chà liǎng fēn jiù kǎoshang le.
很可惜，只差两分就考上了。

> 「悔しい」は"很可惜"と言います。

3 Zhēn kěxī, méi xiǎngdào tā yǐjing yǒu duìxiàng le.
真可惜，没想到他已经有对象了。

> "对象"は「恋人」という意味です。

4 Wǒ zhīdào nǐ nánguò.
我知道你难过。

> "难过"は「泣きたくなるほど悲しい気持ち」のときに使います。

5 Hěn kěxī, yīnwèi yǒu bié de yìngchou, wǒ qùbuliǎo.
很可惜，因为有别的应酬，我去不了。

> "约束"は「束縛する」、「制限する」という意味があります。人と会う用事は"应酬"と言います。

6 Nǐ búzài, wǒ hěn nánguò.
你不在，我很难过。

> "难过"は「つらい」という意味の形容詞です。

7 Bù néng gēn tā yìqǐ qù yóulèyuán wánr le, wǒ shīwàng jí le.
不能跟他一起去游乐园玩儿了，我失望极了。

> 「遊園地に行く」は、中国語では"去游乐园玩儿"（遊園地に行って遊ぶ）と言います。

8 Duì nín jiārén de búxìng biǎoshì āidào.
对您家人的不幸表示哀悼。

> あまり使いたくはありませんが、決まり文句です。

第21課 誘う

▶▶▶▶ 勧誘表現は語尾に"吧"を置いて「～しましょうよ」とする表現の他、「一緒に行く？」「時間ある？」と聞く方法があります。

☐ 1 混まないうちに、スーパーに買い物に行こうよ。
　「(機会を)利用して」という意味の"趁"を使います。

☐ 2 駅まで一緒に行こうよ。

☐ 3 時間がないからタクシーで行こうよ。
　「タクシー」は"打租车"でも"打租汽车"でもOKです。

☐ 4 もう遅いからホテルに帰ろうよ。
　「(時間が)遅い」は"不早"を使いましょう。

☐ 5 仕事の後に喫茶店でちょっと話をしようよ。
　「ちょっと話をする」は"聊"を使ってみましょう。

☐ 6 あのレストランで一緒にご飯を食べようよ。
　「一緒に」は"一起"と言います。

☐ 7 コンサートのチケットが2枚あるけど、一緒に行く？
　「コンサート」は"演唱会"と言います。

☐ 8 明日の夜、ぼくらは飲みに行く予定だけど、君は時間ある？
　"有空"（空いている時間がある）を使ってみましょう。

中国語会話のカギ

第2章 日常会話編

"吧"を使う表現以外に"～怎么样？"「～は、どう？」という聞き方もあります。相手が目上の人や、お客さん、それほど親しくない人などには、このように相手の好みを聞きながら誘う表現の方が使いやすいです。

CD1 22

1 Chèn rén bù duō, zánmen qù chāoshì mǎi dōngxi ba !
趁人不多，咱们去超市买东西吧！
> 勧誘の「～しようよ」は、語末の"吧"で表します。

2 Zánmen yìqǐ dào chēzhàn ba !
咱们一起到车站吧！
> "咱们"は話者と相手を含みますが、"我们"は相手を含みません。

3 Méi shíjiān le, zánmen dǎ chūzūchē qù ba.
没时间了，咱们打出租车去吧。
> 「タクシーで行く」は"出车去 dǎ chē qù"や"打的去 dǎ dī qù"とも言います。

4 Shíjiān bù zǎo le, wǒmen huí fàndiàn qù ba.
时间不早了，我们回饭店去吧。

5 Xiàbān le, zánmen dào kāfēiguǎn liáoyiliáo ba.
下班了，咱们到咖啡馆聊一聊吧。
> 動詞の重ね型の間に"一"を入れる形もあります。

6 Zánmen dào nèi jiā cāntīng yìqǐ chī fàn ba.
咱们到那家餐厅一起吃饭吧。
> 中国では一人で食べるには量が多いメニューがふつうなので、誰かと一緒に食事に行くのがいいでしょう。

7 Wǒ yǒu liǎng zhāng yǎnchànghuì de piào, nǐ xiǎng yìqǐ qù ma ?
我有两张演唱会的票，你想一起去吗？
> "你想一起去吗？"を"你跟我一起去吗？"と、積極的に誘うこともできます。

8 Míngtiān wǎnshang wǒmen dǎsuàn qù hē jiǔ, nǐ yǒu kòng ma ?
明天晚上我们打算去喝酒，你有空吗？
> 「からっぽ」という意味では"kōng"、「空き」という意味では"kòng"と発音します。

第22課 断る

▶▶▶▶ 断るときには"現在忙""出差""钱不够"など、断る「理由」を一緒に言えるようにしましょう。

□1 すみません、今ちょっと忙しいんです。
　　"忙"を使いましょう。

□2 次の機会にしましょう。
　　「次」は"下次"と言います。

□3 この日は上海に出張に行っているので参加できません。
　　「この日」は"当天"を使います。

□4 すみません。すでに予定がいっぱいです。
　　「手配する」という意味の"安排"を使いましょう。

□5 お金がないから行けません。

□6 ごめんなさい、お酒は飲めないんです。

□7 もうこれ以上は食べられません。
　　「食べられない」は"下"を使って表現してみましょう。

□8 お気持ちは十分にいただきました。ありがとうございます。
　　"心意"を使ってみましょう。

第2章　日常会話編

中国語会話のカギ

会議や説明会などで時間が押しているときに「時間の都合で〜」などと言いますが、中国語では"因为时间的关系 Yīnwèi shíjiān de guānxi"と言います。また、「家庭の都合で」は"因为家庭的原因 Yīnwèi jiātíng de yuányīn"です。断るときに使ってみてはいかがでしょうか。

CD1 23

1 Duìbuqǐ,　　　wǒ xiànzài yǒudiǎnr máng.
对不起，我现在有点儿忙。

2 Xiàcì zàishuō ba.
下次再说吧。

3 Dàngtiān wǒ yào qù Shànghǎi chūchāi,　　suǒyǐ wǒ cānjiābuliǎo.
当天我要去上海出差，所以我参加不了。
🔍 "参加不了"の"了"の発音が liǎo となっていることに気をつけましょう。

4 Duìbuqǐ,　　dōu yǐjing ānpái hǎo le.
对不起，都已经安排好了。

5 Qián bú gòu,　　wǒ qùbuliǎo.
钱不够，我去不了。
🔍 "去不了"の"了"は **3** と同じ「動詞＋得／不＋了」の形で「〜できる、できない」を表します。

6 Bù hǎoyìsi,　　wǒ bù néng hē jiǔ.
不好意思，我不能喝酒。

7 Wǒ yǐjing chībǎo le,　　chībuxià le.
我已经吃饱了，吃不下了。
🔍 「もう口から下には行かない」ということは「もう食べられない」を意味します。

8 Yǒu nín de xīnyì jiù gòu le,　　xièxie.
有您的心意就够了，谢谢。
🔍 "有〜就够了"で「〜があれば十分」という表現です。

第23課 励ます

▶▶▶▶ "加油！"、"打起精神来！"など、簡単な表現で励ますことができます。しっかり声に出して励ましてあげましょう。

□1 東京マラソンに出るのね、がんばって！

□2 元気を出して。
　　"精神"を使いましょう。

□3 くよくよしないで、次があるよ。
　　「くよくよしないで」は"开"を使って表現しましょう。

□4 大したことないじゃないの。

□5 失敗は成功のもと。
　　直訳すると「一回損をすると一つの知恵がつく」となります。

□6 もっと自信を持って。
　　「自信」は"自信"の他、"信心"（自分を信じる心）も使えます。

□7 また努力し直せばいいじゃない。
　　直訳すると、「次回もう一度努力すればよい」となります。

□8 何かあったら、いつでも電話して。
　　"随时"を使ってみましょう。

中国語会話のカギ

オリンピックなどの国際試合で中国人が大声で応援する言葉"加油！"は有名ですが、加えて気落ちしている人を慰めたり励ましたりする表現もこの課で練習しましょう。"你放心吧，有我呢！Nǐ fàngxīn ba, yǒu wǒ ne！"（心配しないで、僕がついているから）なども覚えておきましょう。

CD1 24

1 Nǐ yào cānjiā Dōngjīng Mǎlāsōng a, jiāyóu！
你要参加东京马拉松啊，加油！

2 Dǎqǐ jīngshen lái！
打起精神来！
　"精神"は「元気」、「活力」の意味です。

3 Xiǎng kāi diǎnr. Xiàcì háiyǒu jīhuì.
想开点儿。下次还有机会。
　「考えすぎないで」は"别想得太多 Bié xiǎng de tài duō"と言います。

4 Méi shénme dàbuliǎo de ba！
没什么大不了的吧！
　"大不了的"で「大したことではない」という意味です。

5 Chī yí qiàn, zhǎng yí zhì.
吃一堑，长一智。
　"长"は「～がつく」という意味です。"失败是成功之母"とも言います。

6 Duì zìjǐ yào yǒu xìnxīn.
对自己要有信心。
　直訳すると「自分に対して信じる心を持つべきだ」という意味になります。

7 Xiàcì zài nǔlì jiù xíng le.
下次再努力就行了。
　ここの「また」は"又"が使えないので注意しましょう。

8 Yǒu shénme shìqing, suíshí gěi wǒ dǎ diànhuà.
有什么事情，随时给我打电话。
　"随时"は「いつでも」という意味です。

第24課 祝う

▶▶▶▶ お祝いの表現は"祝～快乐"、"～快乐"、"恭喜～"と言ってみましょう。この課の表現は短いので、すぐに覚えられますね。

☐ 1 お誕生日おめでとう！

☐ 2 新年明けましておめでとう！

☐ 3 メリークリスマス！

☐ 4 大学の試験合格おめでとう。
　"考上"を使いましょう。

☐ 5 就職おめでとう。
　"找工作"を使いましょう。

☐ 6 卒業おめでとう。
　「卒業」は"毕业"を使いましょう。

☐ 7 結婚するんだって？　おめでとう！

☐ 8 パパになるのね！　おめでとう！

中国語会話のカギ

第2章　日常会話編

"祝你～快乐！"、"～快乐！"はお祝いする内容とともに使いますが、この2つと少し違うのが"恭喜"です。"恭喜你～！"の後にお祝いしたい内容を続けたり、"恭喜！"（おめでとう！）と単独で使うことができます。また、"恭喜！恭喜！"のように連発することもよくあります。

CD1 25

1 Zhù nǐ shēngrì kuàilè!
祝你生日快乐！
> 直訳すると「あなたの誕生日が幸せであるよう願う」です。

2 Xīnnián kuàilè!
新年快乐！
> 直訳すると「新しい年は幸せである」となります。

3 Shèngdànjié kuàilè!
圣诞节快乐！
> 直訳すると「クリスマスは幸せである」となります。

4 Gōngxǐ nǐ kǎoshàng dàxué.
恭喜你考上大学。
> "恭喜"の代わりに"祝"を使うと、これから受験する人に向けての表現になります。

5 Gōngxǐ nǐ zhǎodào gōngzuò.
恭喜你找到工作。
> "找工作"は「就職活動」の意。

6 Gōngxǐ nǐ bìyè.
恭喜你毕业。

7 Tīngshuō nǐ yào jiéhūn le? Gōngxǐ gōngxǐ!
听说你要结婚了？　恭喜恭喜！
> "恭喜"の後に"你"や節が続かず、単独で使う場合は"恭喜恭喜"と繰り返すのが一般的です。

8 Nǐ yào dāng bàba le! Gōngxǐ nǐ yā!
你要当爸爸了！　恭喜你呀！
> 生まれる子が男の子のときは"恭喜你得贵子"、女の子のときは"恭喜你得千金"です。

第25課 別れる

▶▶▶▶ 一緒に食事した後、席を立つとき、招待を受けた家をお暇するときなどの場面で言うフレーズを練習しましょう。

☐ **1** もう行かなくちゃ。
　"得"を使ってみましょう。

☐ **2** また来週会いましょう。

☐ **3** A：おじゃまいたしました。　B：また遊びに来てね。
　「また来る」は"再来"と言います。

☐ **4** 次回は北京で会いましょう。

☐ **5** ごちそうになり、ありがとうございました。
　「歓待する」という意味の"款待"を使いましょう。

☐ **6** 次回日本に来るときは、必ず連絡をしてくださいね。
　「連絡」は"联络"と言います。

☐ **7** 見送りは要りません。ありがとうございます。
　"留"を使います。

☐ **8** どうぞ、お身体にはお気をつけください。
　"保重"を使ってみましょう。

第2章 日常会話編

中国語会話のカギ

"我一定再来 Wǒ yídìng zài lái"（また、来るよ）、"我等你来 Wǒ děng nǐ lái"（来るのを待ってるわ）、"欢迎你再来 Huānyíng nǐ zài lái"（また来てね）など、別れのあいさつは"再见"だけではなく、次につながる言い方を心がけるとお互いに気持ちが通じ合うようになります。

CD1 26

1 Wǒ děi zǒu le.
我得走了。

2 Xià ge xīngqī jiàn.
下个星期见。
🔍 "下周见"とも言います。

3 A: Dǎrǎo nǐmen le. B: Xiàcì zài lái wǎnr ba.
A:打扰你们了。 B:下次再来玩儿吧。

4 Xiàcì Běijīng jiàn.
下次北京见。
🔍 次に北京で会うことが決まっている場合は"北京见"と言います。

5 Xièxie nín de kuǎndài.
谢谢您的款待。

6 Xiàcì lái Rìběn de shíhòu, qǐng yídìng gēn wǒ liánluò.
下次来日本的时候，请一定跟我联络。
🔍 "联络"の代わりに"联系"を使うこともできます。

7 Qǐng liúbù, xièxie.
请留步，谢谢。

8 Qǐng nín bǎozhòng shēntǐ.
请您保重身体。
🔍 しばらく会えない人に向けて言いましょう。

第26課 自己紹介

自己紹介は人とコミュニケーションをとる第一歩です。相手に好印象を与えられる個性的な自己紹介をしてみましょう。

□ 1 こんにちは。私の姓は中川で、名前は中川誠と言います。
「苗字」→「フルネーム」と2段階で名前を言ってみましょう。

□ 2 「中」は「中国」の「中」、「川」は「四川」の「川」です。

□ 3 私は日本の東京から来ました。
「日本の東京」を強調する表現で言ってみましょう。

□ 4 あなたと知り合えてうれしいです。
「知り合う」は"认识"と言います。

□ 5 お名前はかねがねうかがっておりました。
「お名前」は"大名"という敬意の高い言い方で言ってみましょう。

□ 6 お会いできて光栄です。
四文字の決まり文句です。

□ 7 どうぞよろしくお願いいたします。
直訳では「どうぞいろいろとお世話になります」です。

□ 8 きれいなお名前ですね。
このフレーズでの「きれい」は"好听"と言ってみましょう。

第2章 日常会話編

中国語会話のカギ

自己紹介をするときに必ず言う名前は意外と伝わりにくい情報です。相手に伝えるためには、早口ではなく、ゆっくり、はっきりと発音することが大事です。また、名前はどの漢字に当たるのかを説明したほうが通じやすくなります。名前が聞き取れない場合は"请再说一遍 Qǐng zài shuō yí biàn"と言いましょう。

CD1 27

1 Nǐ hǎo! Wǒ xìng Zhōngchuān, jiào Zhōngchuān Chéng.
你好！ 我姓中川，叫中川诚。
🔍 苗字とフルネームを分けて言ったほうが伝わりやすいです。

2 "Zhōng" shì "Zhōngguó" de "zhōng", "chuān" shì "Sìchuān" de "chuān".
"中"是"中国"的"中"，"川"是"四川"的"川"。
🔍 どんな漢字かを説明すると、覚えてもらいやすくなります。

3 Wǒ shì cóng Rìběn Dōngjīng lái de.
我是从日本东京来的。
🔍 "是～的"構文は83課を参照してください。

4 Rènshi nǐ hěn gāoxìng.
认识你很高兴。
🔍 プライベートでもビジネスの場でも使える定番のフレーズです。

5 Zǎojiù tīngshuōguo nín de dàmíng.
早就听说过您的大名。
🔍 "久仰您的大名 Jiǔyǎng nín de dàmíng"という言い方もあります。

6 Xìnghuì xìnghuì!
幸会幸会！
🔍 4と同じ意味ですが、こちらのほうがやや古風な言い方です。

7 Qǐng duōduō guān zhào.
请多多关照。
🔍 "关照"は「世話をする」という意味です。

8 Nǐ de míngzi zhēn hǎotīng.
你的名字真好听。
🔍 "好听"は「聞いていて心地いい」という意味で、声、音、音楽に対して使います。

第27課 家族

中国人は家族の話をよくします。この課で家族に関するフレーズをいろいろ言ってみましょう！

□ **1** 何人家族ですか。
「人」の量詞に注意が必要です。

□ **2** 兄弟はいますか。
「兄弟」は"兄弟姐妹"と言います。

□ **3** 私は1人っ子です。

□ **4** おじいちゃんとおばあちゃんはご健在ですか。
「ご健在」は漢字が同じで"健在"と言います。

□ **5** あなたのおばあちゃんはおいくつですか。
お年寄りの年齢を聞くときは"高寿"という言葉を使ってみましょう。

□ **6** ご両親はお元気ですか。
「ご両親」は"父母"を使いましょう。

□ **7** （両親は）歳を取りましたが、とても元気です。
6への応答「年を取る」の動詞は"上"を使いましょう。

□ **8** 姉はだいぶ前に結婚しましたが、子どもはいません。
「だいぶ前」は"早就"を使ってみましょう。

第2章　日常会話編

中国語会話のカギ

日本人は"个人隐私 gèrén yǐnsī"（プライベート）を重視し、家族の話はあまり深く聞いたり話したりしませんが、家族の絆をとても大事にする中国人の会話では、家族の話は欠かせません。日本人は天気の話など、世間話で会話を切り出しますが、中国人は家族の話で会話が始まることも多いのです。

CD1 28

1 Nǐ jiā jǐ kǒu rén?
你家几口人？
> 人を数える量詞は通常"个"を使いますが、"口"は家族構成を言うときのみ使います。

2 Nǐ yǒu xiōngdì jiěmèi ma?
你有兄弟姐妹吗？
> 日本語では「兄弟」とだけ言いますが、中国語は「兄弟姉妹」と聞くのが一般的です。

3 Wǒ shì dúshēngzǐ.
我是独生子。
> "独生子"は「一人息子」を指す場合が多いです。「一人娘」は"独生女"と言います。

4 Nǐ de yéye nǎinai hái jiànzài ma?
你的爷爷奶奶还健在吗？
> "健在"は「生きているかどうか」を聞く言葉なので、使うときに注意が必要です。

5 Qǐngwèn nǐ nǎinai gāoshòu?
请问你奶奶高寿？
> "奶奶"は父方の祖母です。母方の祖母は"姥姥"と言います。

6 Fùmǔ de shēntǐ hǎo ma?
父母的身体好吗？

7 Suīrán shàng suìshu le, kě hái hěn jīngshen.
虽然上岁数了，可还很精神。
> "精神"は「元気だ」という意味で、お年寄りに使うことが多いです。

8 Wǒ jiějie zǎojiù jiéhūn le, kě yìzhí méiyǒu háizi.
我姐姐早就结婚了，可一直没有孩子。
> "一直"は「（変わりなく）ずっと」という意味です。

第28課 学校

▶▶▶▶▶ 中国の教育事情は日本と違うところがいろいろあります。このようなことにも注意して、フレーズを練習してみましょう。

□1 うちの息子は幼稚園の年長さんです。
　「年長さん」は"大班"と言います。

□2 お宅のお子さんは小学校に上がりましたか。
　小学校に「上がる」は"上"です。

□3 日本では普通、小学生の送り迎えはしません。
　「送り迎え」は"接送"と言います。

□4 この中学校は私立です。
　学校の量詞は"所"を使いましょう。

□5 高校生は恋愛することを禁じられています。
　「恋愛する」は"談恋愛"と言います。

□6 彼はやっと念願の大学に受かりました。
　「やっと」は"終于"と言います。

□7 有名な大学の競争率は非常に激しいです。
　「有名な大学」は"名牌大学"と言ってみましょう。

□8 大学院生でさえ仕事が見つかりにくいです。
　「～でさえ…」は"连～都…"という構文を使ってみましょう。

中国語会話のカギ

第2章 日常会話編

中国の大学進学率は増加しており、日本と比べると競争はずっと厳しいです。特に農村部の学生にとっては、大学入学試験は自分の運命を変える人生一大事と言っても過言ではありません。"高考 gāokǎo"（全国大学入試統一試験）に落ちた学生は"补习班 bǔxíbān"（塾）で1年間補習して、来年の試験に挑戦します。

CD1 29

Wǒ de érzi shàng yòu'éryuán dà bān.
1 我的儿子上幼儿园大班。

> 中国の幼稚園は普通、3年制で"小班"、"中班"、"大班"に分けられます。

Nǐ de háizi shàng xiǎoxué le ma?
2 你的孩子上小学了吗?

> 小学に上がる年齢は中国も日本と同じで6歳です。

Zài Rìběn, xiǎoxuéshēng shàng xià xué yìbān bú yòng jiēsòng.
3 在日本，小学生上下学一般不用接送。

> 治安と交通状況が好ましくない中国では、小学生の送り迎えをするのが普通です。

Zhè suǒ zhōngxué shì sīlì de.
4 这所中学是私立的。

> 中国でも9年間は義務教育ですが、近年、学費が高い私立学校に行く子供が増えてきました。

Gāozhōngshēng bù yǔnxǔ tán liàn'ài.
5 高中生不允许谈恋爱。

> 中国では大学に入る前に恋愛することは普通、禁じられています。

Tā zhōngyú kǎoshàngle lǐxiǎng de dàxué.
6 他终于考上了理想的大学。

> "考"は「受ける」、"考上"は「受かる」という意味になります。

Míngpái dàxué de jìngzhēng fēicháng jīliè.
7 名牌大学的竞争非常激烈。

> 日本に比べて中国の大学進学率は低く、競争が大変厳しいです。

Lián yánjiūshēng dōu hěn nán zhǎodào gōngzuò.
8 连研究生都很难找到工作。

> "研究生"は「大学院生」に当たります。日本語の「研究生」とは違います。

第29課 会社

▶▶▶▶ 会社勤めの話は日常的な話題ですが、「ボーナス」や「リストラ」、「転職」の表現が口からすぐに出てくるように練習しましょう。

☐ 1 私はITの仕事をしています。
　　Q 「ITの仕事」は"IT工作"と言います。

☐ 2 あなたの会社の待遇はどうですか。
　　Q 「待遇」はそのまま"待遇"と言います。

☐ 3 この会社は収益が多いです。
　　Q 「収益が多い」は"效益好"と言ってみましょう。

☐ 4 私の上司はとても厳しいです。
　　Q 「厳しい」は"严格"と言います。

☐ 5 彼は上海に2年間駐在するようにと命じられました。
　　Q 「命じる」は"派"という動詞を使ってみましょう。

☐ 6 彼はクビになったそうです。
　　Q 「クビになる」は"炒鱿鱼"という慣用句を使ってみましょう。

☐ 7 今年は年末のボーナスに期待できます。
　　Q 「年末のボーナス」は"年终奖"と言います。

☐ 8 今はたくさんの人が転職したいと考えています。
　　Q 「転職する」は"跳槽"という語を使ってみましょう。

中国語会話のカギ

近年、中国経済は飛躍的に進歩していますが、収入の格差と競争が激しく、リストラや転職は日常茶飯事です。中国人は給料を公にするのが一般的です。好んで給料のことを話題にする人も多いです。"你的工资多少钱？Nǐ de gōngsī duōshǎo qián"（給料はいくらですか）と聞かれたら、あなたはどう答えますか。

CD1 30

Wǒ shì zuò IT gōngzuò de.
1 我是做IT工作的。
- 会話では"我是做IT的"と略して言うこともよくあります。

Nǐmen gōngsī de dàiyù zěnmeyàng?
2 你们公司的待遇怎么样？

Zhèi jiā gōngsī de xiàoyì hěn hǎo.
3 这家公司的效益很好。

Wǒ de shàngsi hěn yángé.
4 我的上司很严格。
- 「部下」も日本語と同じで"部下 bùxià"と言います。

Tā bèi pài dào Shànghǎi gōngzuò liǎng nián.
5 他被派到上海工作两年。
- "两年"の位置に気をつけましょう。

Tīngshuō tā bèi chǎo yóuyú le.
6 听说他被炒鱿鱼了。
- 略して"听说他被炒了"とも言います。

Jīnnián niánzhōngjiǎng yídìng zhíde qīdài.
7 今年年终奖一定值得期待。
- "年终奖"は"年终奖金"の略です。

Xiànzài hěn duō rén dōu xiǎng tiàocáo.
8 现在很多人都想跳槽。
- "槽"はもともと飼い葉を入れる桶で、それを変えることから転職という意味になりました。

第30課 天気

▶▶▶▶ 日常生活において、天気の話題はもちろん欠かせません。さまざまな天候について言えるようにしましょう。

□1 今日は本当にいい天気ですね！

□2 毎日雨が降るから、もううんざりです。
   Q "烦"という言葉を使ってみましょう。

□3 北京の春の風はずいぶん強いですね。
   Q 「(風が) 強い」は何と言うのでしょう。

□4 今日は暑くて、まさにサウナに入っているようです。
   Q 「サウナ」は"桑拿"と言います。

□5 水分補給に注意し、熱中症にならないように気をつけてください。
   Q 「熱中症」は"中暑"と言います。

□6 台風は今晩、上陸するそうです。
   Q 「上陸する」は"登陆"です。

□7 最近は寒かったり暑かったりするので、風邪を引かないように気をつけてください。
   Q 「寒かったり暑かったり」は"时冷时热"と言います。

□8 天気予報によると、明日は寒波が来るそうです。
   Q 「寒波」は"寒流"と言います。

中国語会話のカギ

中国は国土の面積が広く、地域によって気候がまったく異なります。北京では、春は風が強く、"沙尘暴 shāchénbào"（砂嵐）が来ることもあります。夏の最高気温は40℃を超える日もしばしばありますが、冬の最低気温は－10℃を下回り、温度差が非常に大きいです。北京へ旅行に行く時期は秋がお勧めです。

CD1 31

Jīntiān zhēn shì ge hǎo tiānqì!
1 今天真是个好天气！
"今天天气真好！"とも言います。

Měitiān xià yǔ, fán tòu le.
2 每天下雨，烦透了。
"～透了"は程度がはなはだしいことを表し、好ましくないことに使います。

Běijīng chūntiān de fēng kě zhēn gòu dà de.
3 北京春天的风可真够大的。
"真够～的"は程度の高いことを表します。"可"は語気を強調する副詞です。

Jīntiān rè de xiàng xǐ sāngná yíyàng.
4 今天热得像洗桑拿一样。
"像～一样"は「まるで～のようだ」というセットで使います。

Zhùyì bǔchōng shuǐfèn, xiǎoxīn zhòngshǔ.
5 注意补充水分，小心中暑。
"小心"の後ろはだいたい悪いことがきます。"注意"はそのような制限はありません。

Tīngshuō jīnwǎn táifēng yào dēnglù le.
6 听说今晚台风要登陆了。

Zuìjìn shí lěng shí rè, zhùyì bié gǎnmào le.
7 最近时冷时热，注意别感冒了。
"注意感冒"とは言わないので要注意です。

Tīng tiānqì yùbào shuō míngtiān hánliú yào lái le.
8 听天气预报说明天寒流要来了。
「～だそうだ」は"听说"ですが、情報源を示す場合は"听"と"说"の間に入れます。

第31課 アルバイト

▶▶▶▶ 多くの日本の大学生にとって、アルバイトは生活の一部です。アルバイトも話題にできるようにしましょう。

☐ 1 私はあの喫茶店でアルバイトをしています。
　　Q 喫茶店を数える量詞は何でしょう。

☐ 2 時給は800円です。
　　Q「時給」はそのまま"时给"とは言いません。

☐ 3 アルバイトをしすぎると学業に影響します。
　　Q "打工"は離合詞なので、"打工"にかかる修飾語があれば注意しましょう。

☐ 4 東京の物価は高すぎるので、働きながら勉強しなければなりません。
　　Q「働きながら勉強する」は"勤工俭学"という言葉を使ってみましょう。

☐ 5 体を壊さないように、適度なアルバイトをしましょう。
　　Q「体を壊す」は"累垮"という言葉を使ってみましょう。

☐ 6 君に家庭教師の仕事を紹介してあげましょう。
　　Q「家庭教師」は略して"家教"と言います。

☐ 7 仕事は楽だし、給料も高いです。
　　Q「〜だし、…」はどのように表現しますか。

☐ 8 私は来月あのアルバイトを辞めたいと考えています。
　　Q「辞めてしまう」は"辞掉"と言いましょう。

中国語会話のカギ

中国でアルバイトをする大学生は日本ほど多くいません。物価が日本ほど高くないという理由もありますが、飲食店などの体力仕事の給料は大変安く、非常に効率が悪いからです。中国の大学生に人気のアルバイトは"家教 jiājiào"（家庭教師）や"导游 dǎoyóu"（観光ガイド）などです。

CD1 32

Wǒ zài nà jiā kāfēiguǎn dǎgōng.
1 我在那家咖啡馆打工。

🔍 店や企業、施設などを数える量詞は"家"を使います。

Gōngzī yì xiǎoshí bā bǎi Rìyuán.
2 工资一小时八百日元。

Dǎ tài duō de gōng huì yǐngxiǎng xuéxí.
3 打太多的工会影响学习。

🔍 離合詞の場合、修飾語（ここでは"太多的"［多過ぎだ］）があればその間に入ります。

Dōngjīng de wùjià tài gāo, bùdébù qínggōngjiǎnxué.
4 东京的物价太高，不得不勤工俭学。

🔍 "不得不～"は「～せざるを得ない」という意味です。

Dǎgōng yào shìdàng. bú yào lèikuǎ le shēntǐ.
5 打工要适当，不要累垮了身体。

🔍 "累垮"は「"累"（疲れて）＋"垮"（倒れる）」という構造になっています。

Wǒ gěi nǐ jièshào yí fèn jiājiào de gōngzuò ba.
6 我给你介绍一份家教的工作吧。

🔍 仕事やアルバイトを数える量詞は"份"を使います。

Gōngzuò yòu qīngsōng gōngzī yòu gāo.
7 工作又轻松工资又高。

🔍 "又～又…"構文は2つ以上の状況が重なることを表します。

Wǒ dǎsuan xià ge yuè cídiào nà fèn gōngzuò.
8 我打算下个月辞掉那份工作。

🔍 "掉"は動詞の後ろにつけて、「排除」「離脱」というニュアンスを表します。

第32課 サークル活動

▶▶▶▶ サークル活動は日本の学生にとって生活の重要な一部ですね。この課でサークル活動についての表現をマスターしましょう。

□ **1** あなたは何のサークルに入っていますか。

□ **2** 私は書道とフラダンスのサークルに入っています。
　　　◎「書道」は"书法"、「フラダンス」は"草裙舞"と言います。

□ **3** あなたのサークルの活動は週に何回ありますか。
　　　◎ 語順に注意しましょう。

□ **4** 夏休みに1週間の合宿があります。
　　　◎「合宿」は"集训"と言ってみましょう。

□ **5** うちのサークルはよく飲み会をやります。
　　　◎ 中国語に「飲み会」という決まった言い方はありません。どのように表現しますか。

□ **6** うちのサークルには全然イケメンがいなくて、がっかりです。
　　　◎「イケメン」は"帅哥"と言いましょう。

□ **7** うちのサークルの先輩はモテモテです。
　　　◎「(女子学生に)モテる」は"受(女生)欢迎"と言いましょう。

□ **8** バイトと部活ばかりしていたので、単位は全部落としました。
　　　◎「単位」は"学分"と言います。

中国語会話のカギ

中国の大学は日本ほどサークル活動が活発に行われているわけではありません。学校の授業数が非常に多く、学生はほとんど勉強に時間を費します。「サークル活動」は"社团活动"、"兴趣小组 xìngqù xiǎozǔ"、"俱乐部 jùlèbù"など、いろいろな言い方があります。

CD1 33

Nǐ cānjiāle shénme shètuán huódòng?
1 你参加了什么社团活动？
"你参加了什么兴趣小组?" などの言い方もできます。

Wǒ cānjiāle shūfǎ xiǎozǔ hé cǎoqúnwǔ shètuán.
2 我参加了书法小组和草裙舞社团。
"草裙舞"以外に"夏威夷舞 xiàwēiyí wǔ" "呼拉舞 hūlā wǔ"などの表現もあります。

Nǐmen de shètuán měi zhōu huódòng jǐ cì?
3 你们的社团每周活动几次？
日本語の語順に影響されて"每周几次活动"と言わないように気をつけましょう。

Shǔjià yǒu yí ge xīngqī de jíxùn.
4 暑假有一个星期的集训。
「冬休み」は"寒假"、「春休み」は"春假"。中国の大学には春休みがありません。

Wǒmen shètuán de chéngyuán jīngcháng zài yìqǐ hē jiǔ.
5 我们社团的成员经常在一起喝酒。
"成员"は「メンバー」という意味です。

Wǒmen shètuán yí ge shuàigē yě méiyǒu, tài shīwàng le!
6 我们社团一个帅哥也没有，太失望了！
「美女」はそのまま"美女"と言います。

Wǒmen shètuán de xuézhǎng hěn shòu nǚshēng huānyíng.
7 我们社团的学长很受女生欢迎。
"学长"は日本語の影響でできた言葉で、中国では先輩、後輩の意識は強くありません。

Bú shì dǎgōng jiù shì cānjiā shètuán huódòng, xuéfēn dōu méi nádào.
8 不是打工就是参加社团活动，学分都没拿到。
"不是～就是…"は「～と…ばかりだ」「～でなければ…だ」を表す構文です。

第33課 中国語の勉強

▶▶▶▶ 中国語の勉強の動機や方法などについていろいろな表現を言ってみましょう。

☐ 1　私は中国語の原文で『三国志』を読んでみたいです。
　　『三国志』は《三国志》と言います。

☐ 2　私は中国の歴史に興味があるので、中国語を勉強しています。
　　「〜に対して興味がある」は"对〜感兴趣"と言います。

☐ 3　私が中国語を勉強するのは仕事で必要だからです。
　　"出于"（〜による）という表現を使ってみましょう。

☐ 4　中国語ができることは就職に有利です。
　　「〜に有利だ」は"对〜有好处"と言います。

☐ 5　私は中国語を独学してもう２年経ちました。
　　「独学」は"自学"と言います。

☐ 6　今度、中国に行くときは中国語で会話したいです。
　　「〜で」は"用"と言いましょう。

☐ 7　中国語の発音は難しいですが、とてもきれいです。
　　「（音、声が）きれい」は"好听"と言います。

☐ 8　会話力を高めるには、たくさん聞いてたくさん話すこと以外に方法はありません。
　　「高める」は"提高"という言葉を使ってみましょう。

中国語会話のカギ

第2章 日常会話編

「読めるけど、聞き取れないし話せない」という悩みを抱えている方は多いでしょう。それは漢字に頼り過ぎているからです。漢字は日本人学習者にとってありがたい存在ですが、そればかり頼るとかえって邪魔になってしまいます。会話力は聞く力、話す力であり、読む力ではありません。やはり"多听多说"が一番大事です。

CD1 34

1 Wǒ xiǎng kàn yuánwén de《Sān guó zhì》.
我想看原文的《三国志》。
　《三国志》は《三国演义》という言い方もあります。

2 Wǒ duì Zhōngguó de lìshǐ gǎn xìngqù, suǒyǐ xuéxí Zhōngwén.
我对中国的历史感兴趣，所以学习中文。
　"感兴趣中国的历史"は誤った言い方です。

3 Wǒ xuéxí Zhōngwén shì chūyú gōngzuò xūyào.
我学习中文是出于工作需要。
　"工作必要"とは言いませんので注意しましょう。

4 Huì shuō Hànyǔ duì zhǎo gōngzuò yǒu hǎochù.
会说汉语对找工作有好处。
　「中国語」は"中文"とも"汉语"とも言います。

5 Wǒ zìxué Hànyǔ yǐjing liǎng nián le.
我自学汉语已经两年了。

6 Xiàcì qù Zhōngguó de shíhou, wǒ xiǎng yòng Zhōngwén huìhuà.
下次去中国的时候，我想用中文会话。

7 Zhōngwén de fāyīn hěn nán, dànshì hěn hǎotīng.
中文的发音很难，但是很好听。
　"但是"の代わりに"可是"や"不过"などの言い方もできます。

8 Zhǐyǒu duō tīng duō shuō cái néng tígāo huìhuà nénglì.
只有多听多说才能提高会话能力。
　"只有～才～"は「～が唯一の方法／条件だ」という意味を表す構文です。

第34課 電話

▶▶▶▶ 電話する際によく使うフレーズを厳選しました。決まり文句として丸ごとマスターしましょう。

☐ **1** もしもし、こんにちは。

☐ **2** 李さんはいらっしゃいますか。
　何かをたずねるときはどんな表現を使うのでしょうか。

☐ **3** 私に電話をくれるように彼に伝えてください。
　使役表現"让"を使ってみましょう。

☐ **4** 私の電話番号をメモしてください。
　「メモする」は"记"と言います。

☐ **5** それでは、失礼します。
　「（電話を）切る」は"挂"と言います。

☐ **6** 電波が悪いようで、よく聞こえません。
　電波は"信号"と言います。

☐ **7** すみませんが、かけ間違えたのではないのでしょうか。
　"打错"という言葉を使ってみましょう。

☐ **8** 携帯電話の電池がもうなくなりそうです。

第2章 日常会話編

中国語会話のカギ

電話はボディーランゲージや筆談が効かないので、音声のみの真剣勝負になります。最初は緊張しますが、慌てずにゆっくり、はっきりと発音しましょう。相手の言っていることが分からなかったら、"对不起，请再说一遍 Duìbuqǐ, qǐng zài shuō yí biàn"（すみません、もう一度言ってください）と言いましょう。

CD1 35

Wéi, nín hǎo.
1 喂，您好。

- "喂"は辞書では第4声と表記していますが、電話の場合は第2声で発音するのが一般的です。

Qǐngwèn Lǐ xiānsheng zài ma?
2 请问李先生在吗？

- 電話に限らず、何かをたずねるときは"请问"を使いましょう。

Qǐng ràng tā gěi wǒ huí ge diànhuà.
3 请让他给我回个电话。

- "回电话"は「折り返し電話する」という意味です。"个"は"一个"の略です。

Qǐng nǐ jì yíxià wǒ de diànhuà hàomǎ.
4 请你记一下我的电话号码。

- "一下"は「ちょっと〜」という意味で、語気をやわらげます。

Jiù zhèyàng ba, nà wǒ guà le.
5 就这样吧，那我挂了。

Xìnhào bú tài hǎo, tīngbuqīngchu.
6 信号不太好，听不清楚。

- 「圏外」は"没有信号"と言います。

Duìbuqǐ, nín dǎcuò le ba?
7 对不起，您打错了吧？

- もし自分が間違えたら、"真对不起，我打错了"と言えば良いのです。

Shǒujī kuàiyào méi diàn le.
8 手机快要没电了。

- "快要〜了"構文は第78課を参照してください。

第35課 健康／病気

健康は多くの人にとって関心が高いものです。いろいろな言い方をマスターしてどんどん日常会話で言ってみましょう。

□ 1 **ダイエットをしなくちゃいけないな。**
　Q「ダイエット」は"减肥"と言います。

□ 2 **飲み過ぎは体に害ですよ。**
　Q「体に害」は"伤身体"という表現を使ってみましょう。

□ 3 **あなたのビール腹もずいぶん立派ですね！**
　Q「ビール腹」はそのまま"啤酒肚"と言います。

□ 4 **今日は休肝日です。**
　Q「休肝日」は「肝臓を休ませる」と言ってみましょう。

□ 5 **早寝早起きがおじいさんの長寿の秘訣です。**
　Q「長寿の秘訣」はそのまま"长寿的秘诀"と言います。

□ 6 **私は胃カメラの検査が大嫌いです。**
　Q「胃カメラの検査」は"胃镜"と言います。

□ 7 **彼はまだ若いのにガンになって、本当に気の毒です。**
　Q「ガンになる」は"得癌症"と言います。

□ 8 **なるべくコレステロールが高いものを食べない方がいいですよ。**
　Q「コレステロール」は"胆固醇"と言います。

第2章 日常会話編

中国語会話のカギ

中国では、生活水準が高くなるにつれて"肥胖症 féipàngzhèng"（肥満）や、"糖尿病 tángniàobìng"（糖尿病）などの生活習慣病が増えつつあります。一方、人々の健康意識は高くなり、"健身房 jiànshēnfáng"（スポーツジム）に通ったり、健康に配慮して"绿色食品 lǜsè shípǐn"（自然食品）を食べるようになりました。

CD1 36

1 Gāi jiǎnféi le.
该减肥了。
"该～了"は「～の番だ」、「～する頃だ」という意味です。

2 Yǐnjiǔ guòdù shāng shēntǐ.
饮酒过度伤身体。
"～过度"は「～し過ぎる」という意味です。"过度饮酒"とも言います。

3 Nǐ de píjiǔdù yě gòu dà de a !
你的啤酒肚也够大的啊！
"够～的"は「ずいぶん～」という意味です。

4 Jīntiān bù hējiǔ le, ràng gānzàng xiūxixiūxi.
今天不喝酒了，让肝脏休息休息。
動詞の重ね型"休息休息"は「ちょっと休む」というニュアンスを表します。

5 Zǎo shuì zǎo qǐ shì yéye chángshòu de mìjué.
早睡早起是爷爷长寿的秘诀。
"爷爷"は「父方のおじいさん」で、「母方のおじいさん」は"姥爷"と言います。

6 Wǒ tǎoyàn zuò wèijìng jiǎnchá.
我讨厌做胃镜检查。
「～の検査をする」は"做～检查"と言います。

7 Tā niánqīngqīng de jiù déle áizhèng, zhēn shì tài yíhàn le.
他年轻轻的就得了癌症，真是太遗憾了。
"年轻轻"は"年轻"の重ね型で、程度がよりはなはだしいことを表します。

8 Jǐnliàng bú yào chī dǎngùchún gāo de dōngxi.
尽量不要吃胆固醇高的东西。
"尽量"は「なるべく」「できるだけ」という意味です。

第36課 趣味

▶▶▶▶ 以下の表現を覚えて、人の趣味を聞いたり、自分の趣味を言ったりして会話を盛り上げましょう！

☐ 1　趣味は何ですか。
　　　「趣味」は"爱好"という言葉を使ってみましょう。

☐ 2　私は旅行と写真が好きです。あなたは？
　　　聞き返すときはどのように言ったらいいでしょうか。

☐ 3　彼女は最近生け花に凝っています。
　　　「〜に凝っている」は"迷上了〜"と言ってみましょう。

☐ 4　彼は大の映画好きで、週末になるといつも映画館へ駆けつけます。
　　　「〜となると、すぐ／必ず…」の"一〜就…"構文を使ってみましょう。

☐ 5　彼は電気製品をいじるのが好きです。
　　　「いじる」は"摆弄"という言葉を使ってみましょう。

☐ 6　彼女は漫画を読み出すといつも切りがなくなります。
　　　「切りがなくなる」は"没完没了"と言ってみましょう。

☐ 7　私はアウトドアスポーツが好きで、特に山登りとスキーが好きです。
　　　「アウトドアスポーツ」は"户外运动"と言います。

☐ 8　彼という人は何か趣味があるわけではなく、お酒だけが好きです。
　　　「彼という人」は"他这个人"と言ってみましょう。

中国語会話のカギ

趣味を聞く表現に1の他に"你的爱好是什么？"がありますが、日本語を直訳したやや固い印象があります。"你有什么爱好？"や"你喜欢做什么？"などと聞いたほうがより自然です。また、自分の趣味を言うときは、"我的爱好是～"より"我喜欢～"のほうがより自然に聞こえます。

CD1 37

Nǐ yǒu shénme àihào?
1 你有什么爱好？

🔍 "好"の声調に注意しましょう。

Wǒ xǐhuan lǚyóu hé shèyǐng, nǐ ne?
2 我喜欢旅游和摄影，你呢？

🔍 "摄影"は「ビデオ撮影」の意味もありますが、「写真撮影」を指すことが多いです。

Tā zuìjìn míshàngle chāhuā.
3 她最近迷上了插花。

Tā jiù ài kàn diànyǐng, yí dào zhōumò jiù wǎng diànyǐngyuàn pǎo.
4 他就爱看电影，一到周末就往电影院跑。

🔍 この"跑"は「走る」ではなく「駆けつける」という意味です。"一～就…"構文は第79課を参照。

Tā hěn xǐhuan bǎinòng diànqì.
5 他很喜欢摆弄电器。

🔍 "器"と日本語の「器」の漢字は微妙に違いますので、注意しましょう。

Tā yí kànqǐ mànhuà lái jiù méi wán méi liǎo.
6 她一看起漫画来就没完没了。

🔍 "～起来"（～し始めると）は、目的語がある場合は"起"と"来"の間に入ります。

Wǒ xǐhuan hùwài yùndòng, yóuqí xǐhuan páshān hé huáxuě.
7 我喜欢户外运动，尤其喜欢爬山和滑雪。

🔍 "尤其"は「とりわけ～」、「特に～」という意味です。

Tā zhèige rén méi shénme xìngqù àihào, jiù ài hē jiǔ.
8 他这个人没什么兴趣爱好，就爱喝酒。

🔍 ここの"什么"は疑問を表すものではなく、「何か」という意味です。

第37課 飲食

▶▶▶▶ 日本の中華料理店では中国人がたくさんアルバイトをしていますね。
注文するときに使う表現などを練習して実際に使ってみましょう。

☐ **1** お飲物は何になさいますか。
   Q 「飲み物」は"饮料"と言います。

☐ **2** 紹興酒は暖かいのと常温のとどちらになさいますか。
   Q 「常温」はそのまま"常温"と言います。

☐ **3** 何かおすすめ料理はありますか。
   Q 「おすすめ料理」は"推荐菜"と言ってみましょう。

☐ **4** パクチーを入れないでください。
   Q 「入れる」は"放"という動詞を使ってみましょう。

☐ **5** とりあえずこれでお願いします。足りなかったらまた頼みます。
   Q 複雑にしないで、8文字で言ってみましょう。

☐ **6** 私は辛い料理が大好きですが、辛すぎる料理は食べられません。
   Q 「食べられない」は"吃不了"と言ってみましょう。

☐ **7** 私は今日車で来たので、ノンアルコールビールにします。
   Q 「ノンアルコールビール」は"无醇啤酒"と言います。

☐ **8** バイキング料理を食べに行きましょう。
   Q 「バイキング料理」は"自助餐"と言います。

中国語会話のカギ

多くの中国人は、冷たいご飯を好みません。中華料理の前菜に"拼盘 pīnpán"（冷菜）はありますが、"主菜 zhǔcài"（メインディッシュ）や"主食 zhǔshí"（主食）はアツアツのものでなければなりません。日本のお弁当やおにぎりなどの冷たいご飯、氷水、冷たいお茶が苦手な中国人はかなり多いのです。

CD1 38

1 Gèwèi lái diǎnr shénme yǐnliào?
各位来点儿什么饮料？

🔍 ここの"来"は、注文するときの「頼む」を意味します。

2 Shàoxīngjiǔ yào hē rè de háishi chángwēn de?
绍兴酒要喝热的还是常温的？

🔍「紹興酒」は"黄酒 huángjiǔ"や"老酒 lǎojiǔ"とも言います。

3 Yǒu shénme tuījiàn cài?
有什么推荐菜？

🔍 "推荐菜"は他に、"特色菜 tèsècài"や"招牌菜 zhāopáicài"などの言い方もあります。

4 Qǐng bú yào fàng xiāngcài.
请不要放香菜。

5 Xiān zhèiyàng ba, bú gòu zài diǎn.
先这样吧，不够再点。

🔍 注文をとりあえず締めたいときの便利な一言です。

6 Wǒ ài chī là de, búguò chībuliǎo tài là de.
我爱吃辣的，不过吃不了太辣的。

🔍 "不能吃"と言っても通じますが、"吃不了"がより自然な表現です。

7 Wǒ jīntiān kāi chē lái de, wǒ hē wú chún píjiǔ ba.
我今天开车来的，我喝无醇啤酒吧。

🔍 "开车来的"は手段、方法などを強調する"是～的"のセットの略した形です。第83課参照。

8 Wǒmen qù chī zìzhùcān ba.
我们去吃自助餐吧。

🔍 "自助餐"は英語の self service の意訳語です。

第38課 嗜好

▶▶▶▶ 誰でもハマっているものがありますね。あなたの嗜好は何ですか。中国語で言ってみましょう。

☐ **1** 彼はワインの通です。
「通」は"专家"という言葉を使ってみましょう。

☐ **2** みんなは彼のことを飲ん兵衛と呼んでいます。
「飲ん兵衛」は"酒鬼"と言います。

☐ **3** あいつはもうアル中になっていますよ。
「アル中」は"酒精中毒"と言います。

☐ **4** 彼は競馬が好きですが、負けてばかりです。
「競馬」は"赌马"と言います。

☐ **5** 私は麻雀をやるのが好きですが、下手です。
「麻雀」は"麻将"と言います。

☐ **6** 彼はネットゲームにはまっています。
「ネットゲーム」は"网络游戏"と言います。

☐ **7** 彼はもう40年以上タバコを吸っています。
"烟龄"(喫煙年数)という言葉を使ってみましょう。

☐ **8** みんなは彼に禁煙するように勧めますが、彼はどうしても聞き入れません。
「禁煙する」は"戒烟"と言います。

第2章 日常会話編

中国語会話のカギ

中国語には、好ましくない行為や悪癖をもつ者を呼ぶ言葉で"鬼"がつくものが多いです。2の"酒鬼"以外も紹介します。
"烟鬼 yānguǐ"（ヘビースモーカー）、"赌鬼 dǔguǐ"（ギャンブラー）、"色鬼 sèguǐ"（スケベ）
"小气鬼 xiǎoqi guǐ"（けちん坊）、"胆小鬼 dǎnxiǎoguǐ"（臆病者）、"讨厌鬼 tǎoyànguǐ"（鼻つまみ者）

CD1 39

1 Tā shì ge pútaojiǔ zhuānjiā.
他是个葡萄酒专家。

2 Rénmen dōu jiào tā "jiǔguǐ".
人们都叫他"酒鬼"。
🔑「AのことをBと呼ぶ」は"叫 AB"と表現します。

3 Tā yǐjing jiǔjīng zhòngdú le.
他已经酒精中毒了。
🔑「あたる」という意味の"中"の声調に気をつけましょう。

4 Tā xǐhuan dǔmǎ, kě zǒngshi shū.
他喜欢赌马，可总是输。
🔑"输"の反対は"赢 yíng"と言います。

5 Wǒ xǐhuan dǎ májiàng, búguò dǎ de bù hǎo.
我喜欢打麻将，不过打得不好。
🔑「麻雀をやる」の動詞は"打"ですが、"玩儿"も使います。

6 Tā wánr wǎngluò yóuxì zháole mí.
他玩儿网络游戏着了迷。
🔑"着迷"は「夢中になる」という意味です。"着"の発音に注意しましょう。

7 Tā yǐjing yǒu sìshí duō nián de yānlíng le.
他已经有四十多年的烟龄了。
🔑"四十年多"とは言いませんので注意しましょう。

8 Dàjiā dōu quàn tā jiè yān, kě tā jiùshì bù tīng.
大家都劝他戒烟，可他就是不听。
🔑ここの"就是"は「どうしても」という意味です。

第39課 レジャー

▶▶▶▶ 友達との会話では、レジャーの話がよく出てきますね。レジャーについての表現をたくさん使って会話を盛り上げましょう！

□1 **カラオケへ行きましょう。**
「カラオケ」は"卡拉OK"と言います。

□2 **十八番をお願いします！**
「十八番」は「一番得意な曲」と言ってみましょう。

□3 **あいつにマイクを握られたらもうおしまいだよ。**
直訳では「彼はマイクを握ると放さなくなる」になります。

□4 **私は週に1回温泉に行きます。**
「温泉に入る」は"泡温泉"と言います。

□5 **あ〜、極楽極楽！**
"享受"という言葉を上手く使ってみましょう。

□6 **私はボーリングが苦手です。**
「ボーリング」は"保齢球"と言います。

□7 **私はバンジージャンプなんてとてもできません。**
「バンジージャンプ」は"蹦極"と言います。

□8 **来週末に川辺でバーベキューをやるのはどうですか。**
「バーベキュー」は"燒烤"と言います。

中国語会話のカギ

第2章 日常会話編

中国人の休日の過ごし方は日本人と大差ありませんが、カラオケ事情に関しては日本とだいぶ違います。中国では、カラオケはお金のかかる娯楽です。部屋の内装は高級な場合が多く、機械は最先端のものがそろっています。カラオケ用語"点歌 diǎngē"（リクエスト）、"切歌 qiēgē"（途中でやめる）は覚えておきましょう。

CD1 40

1 Wǒmen qù chàng kǎlāOK ba!
我们去唱卡拉OK吧！

> 中国の若い人は"我们去K歌吧 Wǒmen qù K gē ba"と言うこともあります。

2 Lái yì shǒu nǐ zuì náshǒu de!
来一首你最拿手的！

> "来"はリクエストに使う言葉です。"再来一个！"は「アンコール！」という意味です。

3 Tā yì zhuāzhù màikèfēng jiù bú fàng le.
他一抓住麦克风就不放了。

> "一~就…"は「~すると、すぐ／必ず…」という構文です（79課参照）。

4 Wǒ měi ge xīngqī qù pào yí cì wēnquán.
我每个星期去泡一次温泉。

> "一次"の位置に注意してください。"泡温泉一次"は間違った言い方です。

5 A~, zhēn shì xiǎngshòu a!
啊~，真是享受啊！

> "啊~、真舒服啊！A~, zhēn shūfu a！"と言ってもいいです。

6 Wǒ bú shàncháng dǎ bǎolíngqiú.
我不擅长打保龄球。

> "擅长"と"拿手"は似ていますが、"擅长"は動詞や名詞の前に置くのが一般的です。

7 Wǒ kě bù gǎn wánr bèngjí.
我可不敢玩儿蹦极。

> "可"は語気を強める副詞です。

8 Xià ge zhōumò wǒmen qù hébiān shāokǎo zěnmeyàng?
下个周末我们去河边烧烤怎么样？

> "下个周末"は"我们"の後ろに入れてもいいですが、動詞の後ろには置けません。

第40課 祝日

▶▶▶▶▶ 日本の伝統的な祝祭日や文化習慣についてのいろいろな表現を練習してみましょう。

□1 初詣に行きましたか。
　「初詣に行く」は「新年に参拝に行く」と表現してみましょう。

□2 お年玉をいっぱいもらいました。
　「お年玉」は"压岁钱"と言います。

□3 中国人も新年に年賀状を送りますか。
　「年賀状」は"贺年卡"と言います。

□4 3月3日は日本のひな祭りです。
　「ひな祭り」は"女儿节"と言います。

□5 ゴールデンウィークは旅行シーズンで、航空券はとても高いです。
　「ゴールデンウィーク」は"黄金周"と言います。

□6 今年のお盆は帰省しようと思います。
　「お盆」は"盂兰盆节"と言います。

□7 クリスマスはどのように過ごす予定ですか。
　「クリスマス」は"圣诞节"です。

□8 日本人は年越しにおそばを食べます。
　「おそば」は"荞麦面"と言います。

第2章 日常会話編

中国語会話のカギ

日本の伝統的な祭日や行事を中国語で伝えるのはなかなか難しいです。辞書で調べれば中国語での言い方が分かりますが、同じ祝日でも、中国、日本では祝い方が異なることがあります。例えば、中国にも"七夕 qīxī"がありますが、バレンタインデーのような日なので、日本の七夕祭りとはずいぶん違います。やはりその違いを説明する必要がありますね。

CD1 41

1 Xīnnián qù cānbài le ma?
新年去参拜了吗?
🔍 中国では、親戚や友人に"拜年"(新年のあいさつをする)の習慣があります。

2 Shōu le bù shǎo yāsuìqián.
收了不少压岁钱。
🔍 「お年玉をあげる」は"给压岁钱"と言います。

3 Zhōngguórén guò xīnnián yě jì hèniánkǎ ma?
中国人过新年也寄贺年卡吗?
🔍 "寄"は「郵便で送る」という意味です。"送"との違いに気をつけましょう。

4 Sān yuè sān hào shì Rìběn de nǚ'érjié.
三月三号是日本的女儿节。

5 Huángjīnzhōu shì lǚyóu wàngjì, fēijīpiào hěn guì.
黄金周是旅游旺季,飞机票很贵。
🔍 "旺季"は「最盛期」「ピーク」という意味です。

6 Jīnnián yúlánpénjié qījiān wǒ dǎsuan huí lǎojiā.
今年盂兰盆节期间我打算回老家。
🔍 "老家"は「故郷」「実家」という意味です。

7 Shèngdànjié dǎsuan zěnme guò?
圣诞节打算怎么过?
🔍 "平安夜 píng'ānyè"(イブ)、"圣诞老人 shèngdànlǎorén"(サンタクロース)も覚えましょう。

8 Rìběnrén guò chúxī yào chī qiáomàimiàn.
日本人过除夕要吃荞麦面。
🔍 ここの"要"は「必ず/いつも~する」という「傾向、慣習」を表します。

コラム 2

日常会話が上達する方法

　中国語学習者の方から「文法は一通り身についたけど、会話になると全然だめです。会話ができるようになるにはどうすればいいですか」という相談を受けることがよくあります。文法の基礎を身につけることはもちろん必要ですが、これだけでは話せるようになりません。話せるようになるための一番の方法は、実際に中国語のネイティブと話すことだといつも伝えています。

　周りに中国語圏出身者がいれば、まず積極的に声をかけてみましょう。友達になれれば気軽にお茶や食事に誘い、中国語を話すチャンスをつくってもいいですね。もし周りに中国語のネイティブがいなければ、SNSサイト（Twitter、Facebook、mixiなど）を活用してみましょう。特にmixiには同じ趣味のコミュニティーやサークルがたくさんあり、低料金や無料の日中交流会や中国語学習会の情報がたくさん出ています。ぜひ利用してみてください。

　どうしても練習相手がいなければ、中国語の映画やドラマを見て勉強するのがおすすめです。大事なのは「量より質」です。たくさんの中国映画を見るよりも、自分の好きな中国映画の台詞がすべて暗記できるくらい何度も見たほうが効率よく会話が上達しますよ。

第3章
旅行編

旅行の醍醐味は現地での食事や買い物ですね。空港、ホテル、食事、買い物などの各シーンを思い浮べながら楽しんで会話を練習しましょう。

- 第41課 （CD-1 Track-42）
  ▼
- 第60課 （CD-2 Track-15）

第41課 機内

▶▶▶▶ "空中小姐 kōngzhōngxiǎojiě"（フライトアテンダント）にお願いする場合は、"麻烦你〜"で始まるフレーズを言ってみましょう。

□1 すみませんが、座席をお間違いですよ。
「すみません、こちらはあなたの席ではありません」が直訳です。

□2 スリッパをください。
"要"を使います。

□3 すみません、ちょっと通してください。
"借光"を使ってみましょう。

□4 オレンジジュースをください。
"我要〜"で答えましょう。

□5 鶏肉のほうをください。

□6 すみませんが、ミネラルウォーターをください。
"请给我〜"の表現を使ってみましょう。

□7 日本語の新聞をください。
「新聞」は"新闻"とは言いません。

□8 入国カードを1枚ください。
「入国カード」は"入境卡"と言いましょう。

中国語会話のカギ

第3章　旅行編

機内で何かをお願いするときによく使う単語で"杂志 zázhì"（雑誌）、"耳机 ěrjī"（イヤホン）、"毛毯 máotǎn"（毛布）、"咖啡 kāfēi"（コーヒー）、"绿茶 lǜchá"（緑茶）、"葡萄酒 pútaojiǔ"（ワイン）、"啤酒 píjiǔ"（ビール）もしっかり覚えておきましょう。

CD1 42

1 Duìbuqǐ,　　zhèr búshì nǐ de zuòwèi.
对不起，这儿不是你的座位。

2 Wǒ xiǎng yào tuōxié.
我想要拖鞋。

　"我要～"は「～がほしい」という意味です。

3 Jièguāng!　　Ràng wǒ guò yíxià.
借光！　让我过一下。

　"借过一下！"と言うこともできます。"借光"は人に何かをお願いするときの「すみません」という意味です。

4 Wǒ yào chéngzhī.
我要橙汁。

　"橘子汁"も「オレンジジュース」ですが、"橘子"はみかんのことです。

5 Wǒ yào jīròu de.
我要鸡肉的。

　「牛肉」は"牛肉 niúròu"、「豚肉」は"猪肉 zhūròu"と言います。

6 Máfan nǐ,　　qǐng gěi wǒ kuàngquánshuǐ.
麻烦你，请给我矿泉水。

　「飲み水」を頼むときには"水"よりも"矿泉水"と言った方がいいでしょう。

7 Qǐng gěi wǒ yí fèn Rìyǔ de bàozhǐ.
请给我一份日语的报纸。

　"新闻"は「ニュース」、「新聞」は"报纸"です。

8 Qǐng gěi wǒ yì zhāng rùjìngkǎ.
请给我一张入境卡。

第42課 空港

▶▶▶▶ 搭乗手続きや空港に到着してから使うフレーズは決まっているので、しっかりと言えるようにしましょう。

☐1 **出発ロビーは何階ですか。**
　　🔍 国際線の「出発」は"出境"を使います。

☐2 **中国国際航空は第1ターミナルから出発ですよね。**
　　🔍 飛行場の「ターミナル」は"航站楼"と言います。

☐3 **空港内にインターネットができる場所はありますか。**
　　🔍 「インターネットをする」は"上网"と言います。

☐4 **これは預ける荷物です。**
　　🔍 「託ける」は"托运"を使ってみましょう。

☐5 **これは壊れやすい物です。**

☐6 **マイレージカードを持っています。**
　　🔍 「マイレージ」は"里程累积"と言います。

☐7 **通路側の席はありますか。**
　　🔍 「〜側」は"靠"を使って表現しましょう。

☐8 **荷物の重量はどのくらいオーバーしていますか。**
　　🔍 「重量制限」は"超重"と言います。

第3章 旅行編

中国語会話のカギ

乗る予定の飛行機の"登机口 dēngjīkǒu"（搭乗口）が突然変更になったり、"起飞时间 qǐfēishíjiān"（離陸時間）が遅くなったりすることがあります。"航空公司 hángkōnggōngsī"（飛行機会社）と"航班 hángbān"（便名）を確認しましょう。"登机牌 dēngjīpái"（搭乗券）、"护照 hùzhào"（パスポート）などのキーワードも覚えましょう。

CD1 43

1 Chūjìng dàtīng zài jǐ lóu?
出境大厅在几楼?

> 「到着ロビー」は "到达大厅 dàodá dàtīng" と言います。

2 Zhōngguó guójì hángkōng shì cóng diyī hángzhànlóu chūfā, duì ma?
中国国际航空是从第一航站楼出发，对吗?

> 「飛行機の離陸」は "起飞" と言います。

3 Jīchǎng li yǒu méi yǒu kěyǐ shàngwǎng de dìfang?
机场里有没有可以上网的地方?

4 Zhè shì tuōyùn xíngli.
这是托运行李。

> 「預け荷物」は "寄存行李 jìcún xíngli" とも。「手荷物」は "手提行李 shǒutí xíngli" です。

5 Zhè shì yìsuìpǐn.
这是易碎品。

> 「壊れやすい物」は "易碎品" と言います。

6 Wǒ yǒu lǐchéng lěijī kǎ.
我有里程累积卡。

> "里程" は「マイル」のことです。

7 Yǒu méi yǒu kào guòdào de zuòwèi?
有没有靠过道的座位?

> 「窓側の席」は "靠窗的座位 kào chuāng de zuòwèi" と言います。

8 Xíngli chāozhòngle duōshao?
行李超重了多少?

第43課 銀行

▶▶▶▶▶ 銀行のキーワード"日币 Rìbì"（日本円）、"人民币 Rénmínbì"（中国元）などを上手に使って言ってみましょう。

☐1 両替をお願いします。
   Q "换"を使います。

☐2 日本円を人民元に両替したいのですが。
   Q "成"を使った表現を言ってみましょう。

☐3 今日の交換率はどのくらいですか。

☐4 細かいお金に換えてもらえますか。
   Q「細かいお金」は"零钱"を使いましょう。

☐5 銀行口座を開設したいのですが。
   Q「銀行口座」は"银行帐户"と言います。

☐6 クレジットカードでの現金の引き出しはできますか。
   Q「お金を引き出す」は"提款"と言います。

☐7 手数料はいくらですか。
   Q「手数料」は"手续费"と言います。

☐8 暗証番号を忘れてしまいました。
   Q「暗証番号」は中国語の「秘密の番号」を省略した言葉です。

第3章 旅行編

中国語会話のカギ

中国で両替をすると必ず領収書がもらえます。これは帰国のときまでしっかり保管しておきましょう。両替をしたお金を使い切れなかった場合、領収書がないと払い戻しができないことがあります。"硬币 yìngbì"（硬貨）や"纸币 zhǐbì"（紙のお札）のキーワードもしっかり覚えておきましょう。

CD1 44

1　Wǒ yào huànqián.
　我要换钱。

2　Wǒ yào bǎ Rìbì huàn chéng Rénmínbì.
　我要把日币换成人民币。
　🔍 "人民币"は「人民元」という意味です。"日币"は"日元 Rìyuán"とも言います。

3　Jīntiān de huìlǜ shì duōshao?
　今天的汇率是多少?

4　Kě bu kěyǐ huàn chéng língqián?
　可不可以换成零钱?

5　Wǒ yào kāishè yínháng zhànghù.
　我要开设银行帐户。
　🔍 "帐户"は「口座（アカウント）」という意味です。

6　Néng bu néng yòng xìnyòngkǎ tíkuǎn?
　能不能用信用卡提款?
　🔍 "自动存取款机 zìdòng cúnqǔkuǎnjī"（ATM）で"提款"（現金を引き出すこと）ができます。

7　Shǒuxùfèi shì duōshao?
　手续费是多少?

8　Wǒ wàngjìle wǒ de mìmǎ.
　我忘记了我的密码。
　🔍 「暗証番号」は"秘密的号码"を略したものと覚えておきましょう。

第44課 ホテル

▶▶▶▶ ホテルでの滞在を楽しむために、部屋を予約するときからチェックアウトまでの必須フレーズを練習しましょう。

☐ 1　部屋の予約をしたいのですが。
　　Q "订"を使って言ってみましょう。

☐ 2　5月5日から3泊4日で、8日に発ちます。
　　Q「3泊4日」は"四天三夜"と言います。

☐ 3　ツインルームは1泊いくらですか。

☐ 4　レストランは何階にありますか。
　　Q 10階未満の少ない階数をたずねる場合に使う単語は何でしょうか。

☐ 5　ホテルにランドリーはありますか。
　　Q「ランドリー」は"自助洗衣房"と言います。

☐ 6　明日の朝6時にモーニングコールをお願いします。
　　Q "醒"を使ってみましょう。

☐ 7　チェックアウトをお願いします。

☐ 8　この旅行カバンを預かっていてもらえますか。
　　Q "存"を使ってみましょう。

中国語会話のカギ

第3章 旅行編

北京のホテルは名前の最後に"酒店 jiǔdiàn"、"饭店 fàndiàn"とつくものが多いです。ともに規模が大きいホテルを指すので、違いはほとんどありません。他に"旅馆 lǚguǎn"という小規模でアットホームなホテルや、簡易宿泊施設の"招待所 zhāodàisuǒ"、バックパッカー向けの"旅社 lǚshè"などもあります。

CD1 45

1 Wǒ yào dìngfáng.
我要订房。

🔍 「シングル」は"单人房 dānrén fáng"、「ツイン」は"双人房 shuāngrén fáng"です。

2 Cóng wǔ yuè wǔ hào qǐ, zhù sì tiān sān yè, bā hào chūfā.
从五月五号起，住四天三夜，八号出发。

🔍 「何泊何日」という言い方は日本語と中国語とでは順番が逆です。

3 Shuāngrénfáng yí ge wǎnshang duōshao qián?
双人房一个晚上多少钱？

4 Cāngtīng zài jǐ lóu?
餐厅在几楼？

🔍 "几楼？"は"几层？Jǐ céng？"と言うこともできます。

5 Fàndiàn li yǒu méi yǒu zìzhù xǐyīfáng.
饭店里有没有自助洗衣房？

🔍 "自助"は「セルフサービス」のことです。

6 Míngtiān zǎoshang liù diǎn jiàoxǐng wǒ.
明天早上六点叫醒我。

7 Wǒ yào tuìfáng.
我要退房。

8 Néng bu néng cún yíxià zhèige xiāngzi?
能不能存一下这个箱子？

🔍 旅行に使う大きめのかばんを"箱子"と言います。

第45課 バス

▶▶▶▶ バスの行き先や出発時間など、聞きたいことを正確に伝えられるようにしましょう。

☐ 1 北京工人体育館へは何番のバスに乗ればいいですか。
　　「～に行くには…」は"去～，…"を使いましょう。

☐ 2 このバスは北海公園に行きますか。
　　"到"を使って表現しましょう。

☐ 3 次のバスは何時発ですか。
　　「次のバス」は"下一班车"と言います。

☐ 4 空港行きのリムジンバスはどこから乗ればいいですか。

☐ 5 師範大学に着いたら教えていただけますか。
　　「教える」ではなく「伝える」と考えて訳しましょう。

☐ 6 乗車の際にお金を払うのですか。

☐ 7 細かいお金がありません。おつりをください。
　　「おつり」は"零钱"と言います。

☐ 8 すみません、降ります。
　　ここでの「すみません」は"借光"を使います。

中国語会話のカギ

第3章　旅行編

北京や上海などの都会では、日本と同じで電子マネー（北京では"一卡通"。46課参照）を使って乗車ができますが、地方では現金しか使えないことが多いです。北京や上海のバスはラッシュ時にとても混みます。混んでいるバスから降りるときは降りるバス停に着いたら大きな声で"借光，我要下车"と言いましょう。

CD1 46

1 Qù Běijīng Gōngrén Tǐyùguǎn, yào zuò jǐ lù chē?
去北京工人体育馆，要坐几路车？

2 Zhèi liàng gōngjiāochē dào Běihǎi Gōngyuán ma?
这辆公交车到北海公园吗？
🔍「"到"＋目的地＋吗？」でバスなどが目的地に行くかどうかをたずねます。

3 Xià yì bān gōngjiāochē shénme shíhòu chūfā?
下一班公交车什么时候出发？
🔍 "班"は"公车"（バス）に用いる量詞です。

4 Dào jīchǎng de gōngjiāochē zài nǎr chéngzuò?
到机场的公交车在哪儿乘坐？
🔍 「～行き」は"到～"と言います。

5 Dào le Shīfàn Dàxué, kěyǐ gàosu wǒ ma?
到了师范大学，可以告诉我吗？

6 Shàng chē de shíhòu mǎi piào ma?
上车的时候买票吗？

7 Wǒ méiyǒu língqián, máfan nín zhǎo ba.
我没有零钱，麻烦您找吧。
🔍「おつりを出す」は"找零钱"です。"找"の後ろは"零钱"が省略されています。

8 Jièguāng, wǒ yào xià chē.
借光，我要下车。

# 第46課 電車／地下鉄

▶▶▶▶ 基本フレーズを覚えて、庶民の足の公共交通を使いこなせると、現地での旅行の楽しさが倍増します。

☐ 1 ICカードはどこで買えますか。
　　Q 北京で使われているIC交通カードは"一卡通"といいます。

☐ 2 100元をチャージしたいのですが。
　　Q「チャージ」は"充值"と言います。

☐ 3 北京駅に行くにはどこで乗り換えますか。
　　Q「(電車やバスを)乗り換える」は"换车"と言います。

☐ 4 5月10日の上海行きの特快を1枚ください。

☐ 5 寝台列車の上段のベッドはまだありますか。
　　Q 2段ベッドの上段は"上铺"と言います。

☐ 6 天津駅には何時に着きますか。

☐ 7 北京西駅まであとどれくらい時間がかかりますか。

☐ 8 鼓楼大街駅まであと何駅ですか。
　　Q「到着する」は"到"と言いましょう。

第3章 旅行編

🔑 中国語会話のカギ

「地下鉄」は"地铁 dìtiě"と言います。北京市内の地上を走る電車は、"轻轨铁路 qīngguǐ tiělù"と言います。北京発の長距離列車は寝台席と椅子席があり、寝台席には1つのコンパートメントに"硬卧 yìngwò"（硬いベッド）が6つのタイプと、"软卧 ruǎnwò"（柔らかいベッド）が4つのタイプがあります。

CD2 01

1 Yìkǎtōng zài shénme dìfang néng mǎidào?
一卡通在什么地方能买到？

2 Wǒ yào chōngzhí yìbǎi kuài.
我要充值一百块。

3 Qù Běijīng Zhàn, zài shénme dìfang huànchē?
去北京站，在什么地方换车？

4 Wǔ yuè shí hào, yì zhāng dào Shànghǎi, tèkuài de.
五月十号，一张到上海，特快的。
　🔍 日時、目的地、列車種別の順で言うと伝わりやすいです。

5 Hái yǒu shàngpù de ma?
还有上铺的吗？
　🔍 寝台特急の"软卧"（グリーン寝台）は2段式ベッドです。下段は"下铺"です。

6 Shénme shíhou dàodá Tiānjīn Zhàn?
什么时候到达天津站？
　🔍 目的地に到着するときは"到达"を使います。

7 Dào Běijīng Xī Zhàn hái yào duō cháng shíjiān?
到北京西站还要多长时间？

8 Dào Gǔlóu Dàjiē hái yǒu jǐ zhàn?
到鼓楼大街还有几站？
　🔍 大通りの名前は"〜街""〜路"、路地の名前は"〜胡同"がつくことが多いです。

第47課 タクシー①
行き先を伝える

▶▶▶▶ タクシー運転手に行き先を伝える際は、ハッキリとした発音で丁寧に伝えることを心がけましょう。

□1 この場所までお願いします。
　　Q "到"を使いましょう。

□2 まっすぐに行ってください。
　　Q 「まっすぐ」は"一直"と言います。

□3 前にあるT字路を左に曲がってください。
　　Q 「T字路」はアルファベットの「T」ではなく、"丁"を使います。

□4 もう少し前までお願いします。
　　Q "再"を使いましょう。

□5 行き過ぎました。Uターンできますか。
　　Q 「Uターン」は"掉头"と言います。

□6 すみません、地下鉄の西直門駅までお願いします。
　　Q 「すみません」は何と言ったらいいでしょうか。

□7 はい、ここで停めてください。

□8 あのオフィスビルの前辺りで停めてください。
　　Q 「オフィスビル」は"办公楼"と言います。

中国語会話のカギ

第3章 旅行編

タクシー運転手に目的地を言っても、うまく伝わらない場合があります。そんなときは、"颐和园 Yíhéyuán"なら"颐""和""园"のように単語を切り離すようにゆっくりと言うか、1のように地図や行きたい場所や近くの場所の名前を書いた紙を見せながら目的地を伝えてみましょう。

CD2 02

1 Shīfu, máfan nín dào zhèige dìfang.
师傅，麻烦您到这个地方。
> 「师傅」は「運転手さん」という呼びかけ。目的地の名前は地図などを見せながら言うと簡単です。

2 Qǐng yìzhí zǒu.
请一直走。
> "请直走 Qǐng zhí zǒu"とも言います。

3 Zài qiánmian de dīngzì lùkǒu wǎng zuǒ guǎi.
在前面的丁字路口往左拐。
> 「T字路」は"丁字路口"、「十字路」は"十字路口 shízì lùkǒu"です。

4 Qǐng zài wǎng qián yìdiǎnr.
请再往前一点儿。

5 Zǒuguò le, néng diàotóu ma?
走过了，能掉头吗？

6 Máfan nín, dào dìtiě Xīzhímén Zhàn.
麻烦您，到地铁西直门站。
> 「地下鉄」は"地铁"と言います。

7 Hǎo le, tíng zài zhèr ba.
好了，停在这儿吧。

8 Qǐng zài nèige bàngōnglóu qiánbian tíngchē.
请在那个办公楼前边停车。

第48課 タクシー② 運転手に頼む／支払う

▶▶▶▶ 万が一のトラブルに対応できるようにメーターを使っているか、金額が間違っていないかを聞く表現も練習しておきましょう。

☐ 1 メーターを使ってください。
　🅠 "用"を使いましょう。

☐ 2 後ろのトランクを開けてくれませんか。
　🅠 「後ろのトランク」は"行李箱"と言います。

☐ 3 少し急いでいただけますか。

☐ 4 道路状況がわかりませんので、お任せします。
　🅠 "随"を使いましょう。

☐ 5 ここで少し待っていてください。すぐに戻ります。
　🅠 "马上"を使いましょう。

☐ 6 高速代も含めて、全部で148元ですよね？
　🅠 "包括～在内，一共…"を使いましょう。

☐ 7 領収書をください。

☐ 8 車を半日貸し切りたいのですが、いくらですか。

第3章 旅行編

中国語会話のカギ

北京は碁盤の目のように道が広がっているので、自分の行きたい場所を運転手が知らなくても、目的地の近くの交差点を伝えれば大丈夫です。"路 lù"（東西に通じる道）と"大街 dàjiē"（南北に通じる大通り）の交わる"路口 lùkǒu"（交差点）はそれぞれ特定されるので、目的地を告げるときにとても便利です。

CD2 03

Qǐng nín yòng jìjià biǎo.
1 请您用计价表。

Kěyǐ kāi yíxià xínglixiāng ma?
2 可以开一下行李箱吗?

Néng bu néng kāi kuài diǎnr?
3 能不能开快点儿?
　ゆっくり運転してほしいときには"快"の代わりに"慢"を使います。

Wǒ duì lùkuàng bù shúxī, suí nín zǒu ba.
4 我对路况不熟悉，随您走吧。
　「道路状況」は"路况"と言います。

Qǐng zài zhèr děng yíhuìr, wǒ mǎshàng jiù huílai.
5 请在这儿等一会儿，我马上就回来。

Bāokuò gāosùfèi zàinèi, yígòng yì bǎi sìshíbā kuài qián, duì ma?
6 包括高速费在内，一共一百四十八块钱，对吗?

Qǐng gěi wǒ shōujù.
7 请给我收据。
　「領収書」は"收据"の他に"发票 fāpiào"とも言います。

Wǒ yào bāo chē bàntiān, duōshao qián?
8 我要包车半天，多少钱?
　"包"には「貸し切る」という意味があります。

第49課 道を聞く

▶▶▶▶ 道を聞くときには"请问"と切り出しましょう。答えてもらったら、"谢谢"を忘れずに。

☐ **1** リューリーチャンに行きたいのですが。
　"琉璃厂"（リューリーチャン）は北京にある陶芸品や骨董品を扱う商店街です。

☐ **2** 王府井にはどのように行けばいいですか。
　"怎么"を使いましょう。

☐ **3** この辺りに公衆トイレはありませんか。
　"附近"を使ってみましょう。

☐ **4** ここから1番近いバス停はどこですか。
　目的地までの距離を示す「ここから」は"离这儿"です。

☐ **5** ここから潘家園に歩いて行けますか。
　起点を示す「ここから」は"从这儿"と言います。

☐ **6** 私たち、道に迷ったみたいなのです。
　"迷路"は迷路ではなく「道に迷う」です。

☐ **7** おたずねしますが、私たちは今どの辺りにいるのですか。

☐ **8** この辺りに美味しい四川料理の店があると聞いたのですが。
　"听说"を使ってみましょう。

第3章 旅行編

中国語会話のカギ

中国で道を聞き「歩いてすぐ」と言われたのに20分もかかったということがよくあります。中国は広いので、日本と距離感覚が違うのです。北京で道を聞くときには"〜在哪个方向？Zài nǎige fāngxiàng？"（〜はどの方向にありますか）と聞く方法もあります。道が碁盤の目状なので行き方は何通りもあるからです。

CD2 04

Wǒ yào qù Liúlichǎng.
1 我要去琉璃厂。

Qù Wángfǔjǐng zěnme zǒu?
2 去王府井怎么走？

🔍 目的地を言い換えてみましょう。

Zhè fùjìn yǒu méiyǒu gōnggòng cèsuǒ?
3 这附近有没有公共厕所？

🔍 "公共"を入れなければ「近くにトイレはありませんか」となります。

Lí zhèr zuì jìn de gōngjiāochēzhàn zài nǎr?
4 离这儿最近的公交车站在哪儿？

Cóng zhèr zǒudedào Pānjiāyuán ma?
5 从这儿走得到潘家园吗？

🔍 "潘家园"は北京東三環路南路にある北京最大級の骨董市場です。

Wǒmen hǎoxiàng mílù le.
6 我们好像迷路了。

🔍 "好像"は「〜のような気がする」という意味です。

Qǐngwèn, wǒmen xiànzài zài shénme dìfang ne?
7 请问，我们现在在什么地方呢？

Tīngshuō zhè fùjìn yǒu yì jiā hěn hǎochī de Sìchuān cāntīng.
8 听说这附近有一家很好吃的四川餐厅。

🔍 量詞"家"を忘れないよう心がけましょう。

第50課 観光① 情報を集める

観光案内所や旅行代理店でツアーに申し込む、お店を紹介してもらいたいときの表現を練習しましょう。

□1 八達嶺の万里の長城まで行きたいのですが。
　Q 北京で最も有名な長城は"八达岭长城"です。

□2 胡同をぶらぶらしてみたいのですが。
　Q 「ブラブラする」は"逛"を使いましょう。

□3 梨園劇場で京劇を見てみたいです。
　Q 「京劇」は"京剧"と言います。

□4 お勧めの足裏マッサージ店を紹介してください。
　Q 「足裏マッサージ」は"足底按摩"です。

□5 西安に行って兵馬俑を見てみたいのですが。
　Q "西安"という場所を表す語の位置に注意しましょう。

□6 九寨溝を見に行くツアーはまだ予約できますか。
　Q "预约"を使わないで言ってみましょう。

□7 青蔵鉄道に乗ってチベットに行ってみたいのですが。

□8 この店は何時まで開いていますか。
　Q "开"を使って表現してみましょう。

中国語会話のカギ

第3章 旅行編

中国は庭園や寺院がたくさんあり、観光スポットの宝庫です。観光所などで情報を集めれば、旅行の楽しさは倍増します。タクシーに乗ったときなどに行き先をすぐに伝えられるように"颐和园 Yíhéyuán"、"天坛 Tiāntán"、"故宫 Gùgōng"などの名所の名前もしっかり覚えておきましょう。

CD2 05

Wǒ yào qù Bādálǐng Chángchéng.
1 我要去八达岭长城。

> 毛沢東の言葉"不到长城非好汉"(長城に登らずしては男と言えず)の通り、一度は行きたい場所です。

Wǒ yào qù hútòng guàngyiguàng.
2 我要去胡同逛一逛。

> "胡同"とは「路地」のことです。

Wǒ xiǎng qù Líyuán Jùchǎng kàn jīngjù.
3 我想去梨园剧场看京剧。

Qǐng gěi wǒ tuījiàn yì jiā hǎo de zúdǐ ànmó diàn.
4 请给我推荐一家好的足底按摩店。

Wǒ yào qù Xī'ān kàn bīngmǎyǒng.
5 我要去西安看兵马俑。

> 「〜行って…する」は"去〜看…"と言います。

Qù Jiǔzhàigōu de lǚyóutuán, hái kěyǐ bàomíng ma?
6 去九寨沟的旅游团，还可以报名吗？

> 「予約をする」は"预约"ですが、チケットの予約は"订票"、ホテルの部屋の予約は"订房"でもOKです。

Wǒ xiǎng zuò Qīngzàng Tiělù de huǒchē qù Xīzàng.
7 我想坐青藏铁路的火车去西藏。

> "青藏铁路"は青海省とチベットの自治区を結ぶ総延長1956kmの高原鉄道です。

Nǐmen zhèige diàn kāi dào jǐ diǎn?
8 你们这个店开到几点？

第51課 観光② 現地で

▶▶▶▶ この課では、"拍照 pāizhào"（写真撮影）や"看戏 kànxì"（観劇）に関するフレーズを練習しましょう。

☐ **1** 入場料はいくらですか。

☐ **2** こちらでは学生割引はありますか。
　「学生割引」は"优惠"を使いましょう。

☐ **3** 日本語の音声ガイドはありますか。
　「音声ガイド」は"语音导游"と言います。

☐ **4** このリュックサックも預かり所に預けなくてはいけませんか。
　「預ける」は"存"。「リュックサック」は"背包"と言います。

☐ **5** ここで写真を撮ってもいいですか。
　"拍照"を使いましょう。

☐ **6** すみません、写真を撮っていただけますか。
　"帮"を使ってみましょう。

☐ **7** A：今晩の演目は何ですか。　B：西遊記です。
　「演目」は"节目"と言います。

☐ **8** 明日の晩のVIP席を4枚予約したいのですが。
　「チケットを予約する」は"订票"と言います。

中国語会話のカギ

第3章 旅行編

美術館や博物館の入り口では、大きめのバッグを預けることが義務付けられているところがあります。また、写真撮影は場所によって"禁止拍照 jìnzhǐ pāizhào"（撮影禁止）のところがあります。"禁止喧哗 jìnzhǐ xuānhuá"（大声禁止）という掲示もありますので注意しましょう。

CD2 06

1 Ménpiào yì zhāng duōshao qián?
门票一张多少钱?

2 Nǐmen zhèr yǒu xuéshēng yōuhuì ma?
你们这儿有学生优惠吗?

3 Yǒu méiyǒu Rìwén de yǔyīn dǎoyóu?
有没有日文的语音导游?

4 Zhèige bēibāo yě yào cún zài jìcúnchù ma?
这个背包也要存在寄存处吗?
🔍「荷物預かり所」は"行李寄存处"と言います。

5 Zhèr kěyǐ pāizhào ma?
这儿可以拍照吗?

6 Máfan nǐ, bāng wǒ pāi yíxià, hǎo ma?
麻烦你，帮我拍一下，好吗?
🔍"帮我〜"で「〜するのを手伝って」という意味です。

7 Jīnwǎn de jiémù shì shénme? Xīyóujì.
A:今晚的节目是什么? B:《西游记》。
🔍孫悟空が大暴れをする痛快な"大闹天宫 Dà nào tiāngōng"の演目が有名です。

8 Wǒ yào dìng sì zhāng míngtiān wǎnshang VIP zuòwèi de piào.
我要订四张明天晚上VIP座位的票。

第52課 食事① 予約をする／注文をする

▶▶▶▶ レストランに安心して入れるように、料理を注文するフレーズや食べたい料理の単語をしっかり言えるようにしましょう。

□1 明日のディナーを4名で予約したいのですが。

□2 メニューをください。

□3 店員さん、注文します。
   Q 「注文する」は"点"を使います。

□4 とりあえず、瓶ビールを5本ください。
   Q 「とりあえず」は"先"を使いましょう。

□5 ニラ入り水餃子を2両（100g）ください。
   Q 「ニラ」は"韭菜"と言います。

□6 ホンシャオ牛肉麺を2つください。
   Q 「牛肉面」は庶民の食べ物です。

□7 鶏肉とカシューナッツのからし炒めを1人前ください。
   Q 「鶏肉とカシューナッツの炒め物」のことは"宮保鶏丁"と言います。

□8 チーズバーガーセットをください。
   Q 「セット」は"套餐"と言います。

第3章 旅行編

中国語会話のカギ

北京では焼き餃子"锅贴 guōtiē"よりも、皮の厚い水餃子"水饺 shuǐjiǎo"のほうが一般的です。餃子を頼むときに使う"两"は「50g」を指します。"两"は餃子そのものの重さではなく小麦粉の重さのことを指しています。目安として一两はだいたい餃子5個分の重さです。

CD2 07

1 Wǒ yào dìng wèi, míngtiān wǎncān, sì ge rén.
我要订位，明天晚餐，四个人。

2 Gěi wǒ càidān.
给我菜单。
- 「メニュー」は"菜谱 càipǔ"とも言います。

3 Fúwùyuán, máfan nǐ diǎncài.
服务员，麻烦你点菜。
- 料理を注文するときは"点菜"、飲み物を注文するときは"点饮料 diǎn yǐnliào"と言います。

4 Xiān lái wǔ píng píjiǔ.
先来五瓶啤酒。
- この"来"は「〜をください」という意味です。

5 Wǒ yào èr liǎng jiǔcài shuǐjiǎo.
我要二两韭菜水饺。

6 Liǎng wǎn hóngshāo niúròu miàn.
两碗红烧牛肉面。
- "红烧"は「醤油で煮込む」という調理法のことです。

7 Wǒ yào yí fèn gōngbǎojīdīng.
我要一份宫保鸡丁。
- "份"は「〜人前」という意味です。

8 Wǒ yào zhīshì hànbǎo tàocān.
我要芝士汉堡套餐。
- 「チーズ」は"奶酪 nǎilào"とも言いますが、最近では"芝士"や"起司 qǐsī"という言い方もします。

第53課 食事② 店員にたずねる

▶▶▶▶ レストランでお茶の追加を頼んだり、会計をしてもらうときの表現を練習しましょう。

☐ **1** 何かあっさりしたものはありますか。
「あっさり」は"清淡"と言います。

☐ **2** 先にご飯を持って来てください。
「白いご飯」は"白米饭"と言います。

☐ **3** 急須入りのジャスミン茶を1つ追加してください。
"壶"を使いましょう。

☐ **4** 店員さん、取り皿を2つください。

☐ **5** ナプキンをください。
食事で使う「ナプキン」は"餐巾纸"と言います。

☐ **6** デザートは何がありますか。
「デザート」は"甜点"と言います。

☐ **7** お勘定をお願いします。

☐ **8** こちらはカードで支払いができますか。
「カードで支払う」は"刷卡"を使ってみましょう。

中国語会話のカギ

第3章 旅行編

中国人が食事をするときは、おかずのみを食べて、白米は食べないことが多いです。おかずと白米を一緒に食べたいときは、**2**のフレーズを言ってみましょう。また、中国人は冷たい飲み物が苦手なので、店にお冷はありません。冷水を飲みたいときは"矿泉水 kuàngquánshuǐ"（ミネラルウォーター）を注文しましょう。

CD2 08

1 Yǒu méiyǒu shénme qīngdàn de cài.
有没有什么清淡的菜？

2 Máfan nǐ xiān shàng yíxià mǐfàn.
麻烦你先上一下米饭。
🔍 注文するときにこのフレーズを言わないと、ご飯が最後に出てくることがあります。

3 Qǐng jiā yì hú mòlì huāchá.
请加一壶茉莉花茶。
🔍 北方の人は、ウーロン茶よりもジャスミン茶をよく飲みます。

4 Fúwùyuán, gěi wǒ liǎng ge xiǎo diézi.
服务员，给我两个小碟子。
🔍「取り皿」は"小碟子"、「小さなお椀」は"小碗 xiǎo wǎn"、「れんげ」は"勺子 sháozi"です。

5 Gěi wǒ cānjīnzhǐ.
给我餐巾纸。

6 Dōu yǒu shénme tiándiǎn？
都有什么甜点？
🔍 答えが複数あることを想定して質問するときは、よく"都"をつけて聞きます。

7 Fúwùyuán, mǎidān！
服务员，买单！
🔍 "买单"の他に"结帐 jiézhàng"と言っても大丈夫です。

8 Zhèr néng shuākǎ ma？
这儿能刷卡吗？
🔍 支払いでカードが使えないと言われたら"现金 xiànjīn"を出しましょう。

第54課 買い物① 市場で

▶▶▶▶ "市場 shìchǎng"（市場）で買い物をするときの便利な表現を練習しましょう。値段交渉にもチャレンジしましょう。

□1 1ついくらですか。

□2 このリンゴはいくらですか。
　　"怎么"を使って表現してみましょう。

□3 500グラムでいくらですか。
　　"斤"を使いましょう。

□4 少し安くできますか。
　　"点儿"を使いましょう。

□5 試食してもいいですか。

□6 2つ買うから安くしてください。
　　語末に"吗"を使った表現にしてみましょう。

□7 高すぎよ！　1個15元では、ダメですか。
　　"太〜了"のセットを使いましょう。

□8 じゃあ、結構です。買いません。

中国語会話のカギ

第3章 旅行編

中国の市場は、朝だけ立つ"早市 zǎoshi"や夕方から夜にかけて立つ"夜市 yèshi"、"超市 chāoshi"（スーパーマーケット）があります。市場では、値段交渉の末、少しでも安い値で買うのが普通です。とは言え、どれくらい安く値切れるかは個人の能力次第なので、ここにあるフレーズを覚えてがんばりましょう。

CD2 09

1 Yí ge duōshao qián?
一个多少钱？

> 北京の人は"少"をr化音にして"多儿钱"と言うことが多いです。

2 Zhèi píngguǒ zěnme mài?
这苹果怎么卖？

> 市場では単位売りをしているところが多く、"怎么卖"がよく使われます。

3 Yì jīn duōshao qián?
一斤多少钱？

> "一斤"は「500グラム」のことです。

4 Néng piányi diǎnr ma?
能便宜点儿吗？

5 Kěyǐ shìchī ma?
可以试吃吗？

6 Wǒ mǎi liǎng ge, kěyǐ piányi diǎnr ma?
我买两个，可以便宜点儿吗？

7 Tài guì le! Yí ge shíwǔ kuài, bù xíng ma?
太贵了！一个十五块，不行吗？

8 Suàn le, bú yòng le, wǒ bù mǎi.
算了，不用了，我不买。

> 値下げ交渉をして、思ったほど安くならないときに最後のダメ押しで使います。

第55課 買い物② デパートで

▶▶▶▶▶ 楽しく買い物できるように、自分が買いたい商品をしっかり手に入れるためのフレーズを練習しましょう。

☐ **1** 日用品売り場はどこですか。
　　売り場は"区"を使って表現しよう。

☐ **2** すみません、買い物用カートはどこにありますか。
　　「買い物用カート」は"手推车"です。

☐ **3** トレーナーを見たいのですが。
　　「トレーナー」は"运动衫"と言いましょう。

☐ **4** Mサイズはありますか。

☐ **5** 他の色のものはありますか。
　　「色」は中国語で何と言うでしょうか。

☐ **6** 試着してもいいですか。

☐ **7** 化粧水はどのようなものがありますか。
　　「どのようなもの」は「どのような種類」と考えます。

☐ **8** これ買います！

中国語会話のカギ

第3章 旅行編

北京のスーパーマーケットなどで、割引品に"七折 qī zhé"などと書いた赤札などが貼ってあることがあります。これは7掛け（30%引き）を意味しており、7割引ではありませんので、注意しましょう。長期滞在には"积分卡 jīfēnkǎ"（ポイントカード）や"会员卡 huìyuánkǎ"（メンバーズカード）が便利です。

CD2 10

1 Rìyòngpǐn qū zài nǎr?
日用品区在哪儿?

2 Láojià wèn yíxià, shǒutuīchē zài nǎr?
劳驾问一下，手推车在哪儿?
- 「買い物用のカゴ」は"篮子 lánzi"です。

3 Wǒ yào kàn yùndòngshān.
我要看运动衫。
- 「Tシャツ」は"T恤衫 T xùshān"または"T恤"です。

4 Yǒu zhōng hàor de ma?
有中号儿的吗?
- 「Mサイズ」は"M号"とも言います。

5 Yǒu méiyǒu qítā yánsè de?
有没有其它颜色的?
- 「色」は"颜色"と言います。日本語の「顔色」は中国語で"脸色 liǎnsè"と言います。

6 Wǒ kěyǐ shìchuān ma?
我可以试穿吗?
- 試着室は"试衣间 shìyījiān"、鏡は"镜子 jìngzi"。

7 Huàzhuāngshuǐ yǒu nǎ xiē zhǒnglèi?
化妆水有哪些种类?
- 「どのようなブランドのものがありますか」は"有什么牌子的 Yǒu shénme páizi de?"です。

8 Wǒ yào mǎi zhèige!
我要买这个!
- "我要这个"と言ってもいいです。

第56課 お土産を渡す

初めて会う人やこれからお世話になる人にお土産を渡す際、心をこめてこの課のフレーズが言えるといいですね。

☐ 1 この前話した日本酒を持ってきました。
　　◎「日本酒」は"日本清酒"と言うことがよくあります。

☐ 2 この浅草の人形焼は、君へのお土産です。
　　◎ 中国人に「浅草」という際には"日本浅草"と言うと、通じやすいです。

☐ 3 このぬいぐるみはお嬢さんへのプレゼントです。

☐ 4 どうぞ、お受け取りください。
　　◎"收下"を使って表現してみましょう。

☐ 5 喜んでもらえると嬉しいのだけど。
　　◎"希望"を使って表現してみましょう。

☐ 6 お口に合うかどうかわかりませんが。
　　◎「味が口に合う」は"合口味"と言います。

☐ 7 賞味期限があるので、早めにお召し上がりくださいね。
　　◎「賞味期限」は"保质期"と言います。

☐ 8 遠慮しないで。ほんの気持ちなんですから。

中国語会話のカギ

縁起の悪い言葉と発音が似ている次の品物はお土産に適しません。①"散 sǎn"に通じる、"伞 sǎn"（傘）。②"终 zhōng"に通じる"钟 zhōng"（時計）。中国人はお土産を渡されたらはじめはわざと受け取ろうとしないのですが、めげずにもう一度渡してみましょう。

CD2 11

1 Zhè shì wǒ shàngcì gēn nín shuō de Rìběn qīngjiǔ.
这是我上次跟您说的日本清酒。

2 Zhèige Rìběn Qiāncǎo de "Rénxíng shāo", shì wǒ sònggěi nǐ de lǐwù.
这个日本浅草的"人形烧"，是我送给你的礼物。

　「"送给"＋人」で「(人) に贈る」という意味です。

3 Zhèige máoróng shì sònggěi nǐ nǚ'ér de lǐwù.
这个毛绒是送给你女儿的礼物。

4 Qǐng nín shōuxià.
请您收下。

5 Xīwàng nǐ xǐhuan.
希望你喜欢。

6 Bù zhīdào hé bu hé nín de kǒuwèi, nín chángchang ba.
不知道合不合您的口味，您尝尝吧。

　「～かどうかわかりませんが」は"我不知道～"、"不知道～"と言いましょう。

7 Qǐng zhùyì bǎozhìqī.
请注意保质期。

8 Bié kèqi, zhèi shi wǒ de yìdiǎnr xiǎoyìsi.
别客气，这是我的一点儿小意思。

　"小意思"はここでは「ほんの少しの気持ち」という意味です。

第57課 郵便局

中国の「郵便局」"邮局"から手紙や荷物を送るときに使える表現をまとめました。

☐ 1 この手紙をエアメールで日本に送りたいのですが。
　　「エアメール」は"航空信"と言います。

☐ 2 日本までEMSでお願いします。
　　「EMS」は"快递"と言います。

☐ 3 この小包を日本まで航空便でお願いします。
　　「小包」は"包裹"と言います。

☐ 4 小包用の箱を1つください。
　　「小包用の箱」は"纸箱"を使ってみましょう。

☐ 5 郵送料はいくらですか。
　　"邮费"を使いましょう。

☐ 6 何日ほどで日本に着きますか。

☐ 7 書留でお願いします。
　　"挂号"を使ってみましょう。

☐ 8 5元の郵便切手を3枚ください。
　　「郵便切手」は"邮票"と言います。

中国語会話のカギ

第3章 旅行編

箱に入れた荷物を中国の郵便局から海外に送る際は、箱の表に送り主と受取人の"地址 dìzhǐ"（住所）だけでなく、"邮政编码 yóuzhèng biānmǎ"（郵便番号）の書き忘れがないようにしましょう。また、郵便局では簡単に中身をチェックしますので、箱を開けた状態で持ち込みましょう。確認してもらった後、テープで封をします。

1 Wǒ xiǎng bǎ zhèi fēng hángkōngxìn jìdào Rìběn.
我想把这封航空信寄到日本。

　"航空信，寄到日本"と簡単に言っても伝わります。

2 Yòng kuàidì jì dào Rìběn.
用快递寄到日本。

　値段は高いですが、ビジネスでは"快递"がよく使われます。

3 Máfan nín, bǎ zhèige bāoguǒ yòng hángkōng jì dào Rìběn.
麻烦您，把这个包裹用航空寄到日本。

　船便は"海运"と言います。

4 Qǐng gěi wǒ yí ge jì xiǎo bāoguǒ de zhǐxiāng.
请给我一个寄小包裹的纸箱。

　郵便で送る小包用の箱は、郵便局で買えます。

5 Yóufèi duōshao qián?
邮费多少钱？

　窓口で局員と話をしているときには、簡単に"邮费多少？"と言うこともできます。

6 Dàgài jǐ tiān néng jìdào Rìběn?
大概几天能寄到日本？

　"寄"は「送る」「郵送する」で、"到达"は「届く」という意味です。

7 Wǒ yào jì guàhào.
我要寄挂号。

　「書留の手紙」は"挂号信 guàhàoxìn"と言います。

8 Qǐng gěi wǒ sān zhāng wǔ kuài qián de yóupiào.
请给我三张五块钱的邮票。

　記念切手は、"纪念邮票 jìniàn yóupiào"と言います。

第58課 アクティビティ

▶▶▶▶ さまざまなアクティビティに挑戦すると旅行はいっそう楽しくなります。現地で基本フレーズを言えるように練習しましょう。

☐ 1 スケートをしたいのですが。
　Q「スケート」は「氷をすべる」と書きます。

☐ 2 スケート靴の貸し出しはありますか。
　Q「スケート靴」は"冰鞋"です。

☐ 3 ゴルフ場は近くにありますか。
　Q「ゴルフ」は"高尔夫球"と言います。

☐ 4 予約の必要がありますか。
　Q「予約」は"預约"と言います。

☐ 5 1時間でいくらですか。
　Q そのままの語順で訳せばOKです。

☐ 6 レンタサイクルを3時間お借りしたいのですか。
　Q「レンタルする」は"租"と言います。

☐ 7 卓球を2時間したいのですが、1人いくらですか。
　Q「卓球」は"乒乓球"と言います。

☐ 8 ピンポン玉を2つください。
　Q「球」は中国語でも"球"と言います。

中国語会話のカギ

第3章 旅行編

北京の冬は寒く、氷点下の日々が続きます。市内にある"什刹海 Shíchàhǎi"という大きな池には厚い氷が張り、"滑冰"や"雪橇 xuěqiāo"（そり）を楽しむ人たちの姿を見かけます。冬のアクティビティの"滑雪 huáxuě"（スキー）や"堆雪人 duī xuěrén"（雪だるまを作る）などの表現も覚えましょう。

CD2 13

1 Wǒ xiǎng huábīng.
我想滑冰。
🔑 "滑"は日本語の「滑」とは異なりますので、注意しましょう。

2 Zhèr zū bīngxié ma?
这儿租冰鞋吗?
🔑 「靴の貸し出し所」は"租鞋处 zū xié chù"と言います。

3 Fùjìn yǒu gāo'ěrfūqiú chǎng ma?
附近有高尔夫球场吗?
🔑 「高尔夫球」は英語のgolfを音訳したものです。

4 Xūyào yùyuē ma?
需要预约吗?
🔑 「必要ありますか」と聞く場合は、"需要"を使います。

5 Yí ge xiǎoshí duōshao qián?
一个小时多少钱?

6 Wǒ yào zū sān ge xiǎoshí de zìxíngchē.
我要租三个小时的自行车。
🔑 "三个小时"の位置に注意しましょう。

7 Wǒmen xiǎng dǎ liǎng ge xiǎoshí de pīngpāng qiú, yí ge rén duōshao qián?
我们想打两个小时的乒乓球，一个人多少钱?
🔑 「卓球をする」は動詞"打"を使います。

8 Qǐng gěi wǒ liǎng ge pīngpāng qiú.
请给我两个乒乓球。

第59課 身体の不調を訴える

海外で、自分では気を付けていても、思いもよらずに体調を崩してしまうことがあります。そんなときに役立つフレーズを覚えましょう。

☐ 1 気分があまりよくありません。
　　"不舒服"を使います。

☐ 2 車に酔いました。
　　"晕"を使います。"醉"を間違えて使わないようにしましょう。

☐ 3 ちょっと吐き気がします。
　　"恶心"を使います。

☐ 4 トイレに行きたいです。

☐ 5 足が疲れてだるいので、少し休憩したいです。
　　足などが「だるい」は"酸"を使います。

☐ 6 ひどい頭痛です。頭痛薬はありますか。
　　「痛い」は"疼"を使いましょう。

☐ 7 疲れて全身がクタクタです。
　　"瘫"は、身体の力が抜けて動けない様子を表す語です。

☐ 8 寝不足なので、ちょっと横になって休みたいです。
　　状態を表す"着"を使って表現しましょう。

中国語会話のカギ

第3章 旅行編

よその土地で風土や食事になじまないため体調を崩すことを中国語で"水土不服 shuǐtǔ bù fú"と言います。万が一、"拉肚子 lādùzi"（お腹を下す）や"发烧 fāshāo"（発熱）、"发冷 fālěng"（寒気がする）、"呕吐 ǒutù"（嘔吐）などの症状があったら、早めに現地の人に相談しましょう。

CD2 14

1 Wǒ yǒudiǎnr bù shūfu.
我有点儿不舒服。
🔍 広く使える表現ですので、覚えておきましょう。

2 Wǒ yùn chē le.
我晕车了。

3 Wǒ gǎnjué yǒudiǎnr ěxin.
我感觉有点儿恶心。
🔍 「吐き気」は"恶心"を使います。変なものを見て「気持ち悪い」という場合も使えます。

4 Wǒ yào shàng xǐshǒujiān.
我要上洗手间。
🔍 「洗面所」は"洗手间"、「トイレ」と言うなら"厕所 cèsuǒ"です。

5 Wǒ de jiǎo yǒudiǎnr suān, wǒ yào xiūxi yíhuìr.
我的脚有点儿酸，我要休息一会儿。
🔍 「太もも」は"大腿 dàtuǐ"、「ふくらはぎ」は"小腿 xiǎotuǐ"、それより下の部分は"脚 jiǎo"です。

6 Wǒ tóuténg de lìhai. Nǐ yǒu tóuténg yào ma?
我头疼得厉害。你有头疼药吗?

7 Wǒ kuài lèitān le.
我快累瘫了。
🔍 "快～了"は「もうすぐ～」という意味です（第78課参照）。

8 Yīnwèi shuìmián bùzú, wǒ xiǎng tǎngzhe xiūxi.
因为睡眠不足，我想躺着休息。
🔍 「横になる」は"躺"です。

第60課 トラブル

▶▶▶▶ トラブルが起きたときは、自分一人で対応するのではなく、とにかく誰かに協力してもらって対応するのが近道です。

☐ **1** ハンドバッグを盗まれました。
　　「ハンドバッグ」は"手包"と言います。

☐ **2** たいへん、パスポートがない！
　　"不見"を使います。

☐ **3** 財布をどこで失くしたのか覚えていません。
　　「覚えていない」は"不記得"と言います。

☐ **4** ドロボー！　あの男をつかまえて！
　　「泥棒」は"小偷儿"と言います。

☐ **5** 誰か！　助けて！

☐ **6** 警察に通報してください！

☐ **7** クレジットカード会社の連絡先を知りたいのですが。
　　「連絡先」は"联络方式"と言います。

☐ **8** 日本語ができる人はいませんか。

中国語会話のカギ

第3章 旅行編

旅行中はトラブルが発生しないことが一番ですが、不幸にして被害に遭ってしまったら、一人で悩まず、"导游 dǎoyóu"（ガイド）、"前台服务员 qiántái fúwùyuán"（ホテルのフロント係）などに助けを求めましょう。警察に"报案 bào'àn"（被害届の提出）をしておくと、帰国後の保険金請求手続きがしやすくなります。

CD2 15

1 Wǒ de shǒubāo diū le.
我的手包丢了。
- "丢"は「紛失する」「盗まれる」という意味です。

2 Zāogāo, hùzhào bújiàn le!
糟糕，护照不见了！
- "糟糕"は「しまった」「大変」という意味です。

3 Wǒ bú jìde bǎ qiánbāo diū zài nǎr le.
我不记得把钱包丢在哪儿了。
- 「覚えていません」は"不记得"です。

4 Xiǎotōur! Zhuāzhù tā!
小偷儿！ 抓住他！

5 Lái rén a! Jiùmìng a!
来人啊！ 救命啊！

6 Qǐng bāng wǒ bàojǐng!
请帮我报警！
- "报警"に通報するときは日本と同じく110番をします。

7 Wǒ xiǎng zhīdao xìnyòngkǎ gōngsī de liánluò fāngshì.
我想知道信用卡公司的联络方式。
- "联络方式"は"联系方式 liánxì fāngshì"と言っても大丈夫です。

8 Yǒu méiyǒu huì jiǎng Rìyǔ de rén?
有没有会讲日语的人？

コラム 3

中国のタクシー事情

　旅行中はタクシーを使う人が多いでしょう。北京や上海などの大都市では国賓級の来客を招いての会議や、アイドルのコンサート、大規模な道路工事など大きなイベントがあるときは交通規制があるだけでなく、道路が混むことがよくあります。また、天安門広場のようにタクシーの乗り降りができないところもあります。タクシーは便利ですが、旅行中に渋滞に巻き込まれると面倒です。スムーズに移動するためにも電車やバスなどの公共交通機関も利用できるようにしましょう。

　ところで、タクシーに乗ると、運転手から話しかけられることがあります。"哪里来的？Nǎlǐ lái de？"（どこから来たの？）、"你是来工作的吗？Nǐ shì lái gōngzuò de ma?"（仕事で来たの？）、"你第几次来中国？Nǐ dì jǐ cì lái Zhōngguó?"（中国に来たのは何回目？）から、"工资多少？Gōngzī duōshao?"（給料はどれくらいもらっているの？）などの質問までされることがあります。日本人は給料の金額については、よっぽど親しい人同志でなければ話題にしませんが、中国人は初対面の相手にもたずねることがありますので、びっくりしないで答えてみましょう。

　日本との違いに驚くかもしれませんが、それを楽しむのが海外旅行。楽しく過ごすポイントは"入乡随俗 Rùxiāng suísú"（郷に入れば郷にしたがえ）ですよ。

第4章
ビジネス会話編

ビジネスの場で必ず使う表現を厳選しました。商談や接待から社員教育まで、役立つフレーズが満載です。

- 第61課 (CD-2 Track-16)
  ▼
- 第70課 (CD-2 Track-25)

第61課 あいさつ

▶▶▶▶ 中国へ出張または赴任するときには現地の中国人にあいさつをしますね。あいさつの基本フレーズからスタートしましょう。

☐ 1　皆様、こんにちは。新しく赴任して来ました課長の田中浩です。
　　　Q「赴任」は"到任"と言ってみましょう。

☐ 2　本社の派遣により、2年間上海に駐在することになりました。
　　　Q「派遣」は"派"を使いましょう。

☐ 3　ここの状況についてはまだ不案内ですので、どうかいろいろと教えてください。
　　　Q「不案内」は"不熟悉"と言ってみましょう。

☐ 4　できるだけ早く業務に慣れるように頑張ります。
　　　Q「できるだけ早く」は"尽快"と言ってみましょう。

☐ 5　これからは一緒に頑張っていきましょう！
　　　Q「これから」は"今后"と言ってみましょう。

☐ 6　私はまだ経験不足なので、どうぞいろいろとご指導をよろしくお願いいたします。
　　　Q「ご叱正、ご指摘」という意味の"批评指正"を使いましょう。

☐ 7　中国の同僚の皆様のご協力に感謝の意を申し上げます。
　　　Q「ご協力」は"支持"と言ってみましょう。

☐ 8　皆様に心からごあいさつを申し上げます。
　　　Q「心からごあいさつを申し上げます」は"表示亲切的问候"と言ってみましょう。

中国語会話のカギ

第4章　ビジネス会話編

中国の会社の役職名は日本の役職名と字が似ていても、意味がまったく違う場合があります。"董事长 dǒngshìzhǎng"（専務／代表取締役）、"总经理 zǒngjīnglǐ"（社長）、"部门经理 bùménjīnglǐ／总监 zǒngjiān"（部長）、"厂长 chǎngzhǎng"（工場長）などを覚えておきましょう。「経理」は、中国語では"会计 kuàijì"と言います。

CD2 16

1. Dàjiā hǎo! Wǒ shì xīn dàorèn de kēzhǎng Tiánzhōng Hào.
大家好！我是新到任的科长田中浩。

2. Zǒnggōngsī pài wǒ dào Shànghǎi lái gōngzuò liǎng nián.
总公司派我到上海来工作两年。
　"总公司"は「本社」で、「支社」は"分公司 fēngōngsī"と言います。

3. Wǒ duì zhèli de qíngkuàng hái bù shúxī, qǐng dàjiā duō zhǐjiào.
我对这里的情况还不熟悉，请大家多指教。
　「～について詳しい」は"对～很熟悉"と言います。

4. Wǒ huì jǐnkuài shúxī gōngsī de yèwù.
我会尽快熟悉公司的业务。
　ここの"熟悉"は動詞で、「慣れる」と言う意味です。

5. Jīnhòu wǒmen yìqǐ nǔlì ba!
今后我们一起努力吧！
　誘ったり呼びかけたりするときには、よく"一起～吧！"（一緒に～しましょう）という文型を使います。

6. Wǒ de jīngyàn bùzú, qǐng duōduō pīpíng zhǐzhèng.
我的经验不足，请多多批评指正。
　"多多"は重ね型にせず、"多"と一回だけでも大丈夫です。

7. Gǎnxiè gèwèi Zhōngguó tóngshì de zhīchí.
感谢各位中国同事的支持。
　ここの"支持"は"协助 xiézhù"と言い換えても大丈夫です。

8. Xiàng dàjiā biǎoshì qīnqiè de wènhòu.
向大家表示亲切的问候。
　"亲切"は日本語の「親切」とニュアンスが違うので注意が必要です。

第62課 接待

▶▶▶▶ 招待するとき、してもらうときによく使う表現を練習してみましょう。中国風のマナーに注意しましょう。

□ 1 どうぞ、召し上がってください。
　Q 直訳すると、「どうぞ、お箸をつけましょう」になります。

□ 2 お料理はお口に合いますでしょうか。
　Q 「お口に合う」は"合口"と言います。

□ 3 一献を差し上げましょう。
　Q 「(敬意)を表して勧める」という意味の"敬"を使ってみましょう。

□ 4 私は飲み干しますけど、あなたはご自由にどうぞ。
　Q 「ご自由にどうぞ」は"随意"を使ってみましょう。

□ 5 今日は皆様のご来場、誠にありがとうございます。
　Q 「ご来場」は"光临"を使ってみましょう。

□ 6 心のこもったおもてなしをありがとうございました。
　Q 「心のこもった」は"盛情"を使ってみましょう。

□ 7 我々のこれからの発展と友情のために、乾杯！
　Q 「～のために」は"为了"を使ってみましょう。

□ 8 我々の今後の提携がますます順調に行くようにお祈りします。
　Q 「提携」は"合作"と言います。

第4章 ビジネス会話編

中国語会話のカギ

日本のビジネスの世界でも接待はとても大事なことですが、"关系 guānxi"（人間関係）と"面子 miànzi"（メンツ）を重視する中国ではなおさらです。日本ではランチを簡単に済ませることが多いですが、中国では昼食の接待も重視します。冷たいお弁当を出したらとても失礼なことになってしまいます。

CD2 17

1 Qǐng dòng kuài ba.
请动筷吧。

🔍 お客さんのほうからお箸をつけるのが礼儀なので、招待側の必須のフレーズです。

2 Bù zhīdào fàncài shìfǒu hékǒu.
不知道饭菜是否合口。

🔍 "是否"は"是不是"のフォーマルな言い方です。

3 Wǒ jìng nín yì bēi.
我敬您一杯。

🔍 中国のお酒の席では、敬意を表すためによく"敬酒"（お酒を勧めること）をします。

4 Wǒ gānbēi, nín suíyì.
我干杯，您随意。

🔍 昔は注がれたお酒は飲み干すのが礼儀でしたが、最近では無理に飲まなくても大丈夫です。

5 Jīntiān gǎnxiè gèwèi de guānglín.
今天感谢各位的光临。

🔍 「皆様」は"大家"と言ってもいいですが、"各位"のほうがよりフォーマルな言い方です。

6 Xièxie nǐmen de shèngqíng kuǎndài.
谢谢你们的盛情款待。

🔍 "款待"は"招待 zhāodài"よりも「親身に」、「盛大に」という意味が含まれます。

7 Wèile wǒmen jiānglái de fāzhǎn hé yǒuyì, gānbēi!
为了我们将来的发展和友谊，干杯！

🔍 "为了～、干杯！"は、お酒の席での必須フレーズです。使って盛り上げましょう。

8 Zhùyuàn wǒmen jīnhòu de hézuò yuè lái yuè shùnlì.
祝愿我们今后的合作越来越顺利。

🔍 "祝愿～"（～ように）は希望や願いを表すときによく使う表現です。

第63課 商談

▶▶▶▶▶ 商談の内容は非常に幅広いですが、この課では最もよく使うフレーズを厳選しました。商談の場で使ってみましょう。

☐ **1** こちらはサンプルです。ご覧ください。
   「サンプル」は"样品"と言います。

☐ **2** こちらは弊社の商品カタログです。
   「商品カタログ」は"商品目录"と言います。

☐ **3** 価格に関して、相談の余地はありませんか。
   「相談の余地」は"商量的余地"言います。

☐ **4** 最速でいつ納品できますか。
   「納品」は"交货"と言います。

☐ **5** 貴社のオファーをもう少し検討させてください。
   「オファー」は"报价"と言います。

☐ **6** 分割払いはできますか。
   「分割払い」は"分期付款"と言います。

☐ **7** では、この条件で発注します。
   「発注する」は"订货"と言います。

☐ **8** では、早速明日契約しましょう。
   「契約する」は"签合同"または"订合同"と言います。

中国語会話のカギ

第4章　ビジネス会話編

中国語は日本語ほど敬語が多く使われませんが、商談の場ではやはりなるべく丁寧な表現を使うのが好ましいです。「お茶をどうぞ」の一言でも、"请喝茶 Qǐng hē chá"より"请用茶 Qǐng yòng chá"のほうが丁寧で、**1** の例文のように、「見る」の"看"より"过目"のほうが品があって礼儀正しく聞こえます。

CD2 18

Zhè shì yàngpǐn, qǐng guòmù.
1 这是样品，请过目。

　"过目"は"看"より丁寧な言い方です。

Zhè shì wǒ gōngsī de shāngpǐn mùlù.
2 这是我公司的商品目录。

　"敝公司（弊社）"という言い方もありますが、普通は"我公司"を使います。

Zài jiàgé shang yǒu méiyǒu shāngliang de yúdì?
3 在价格上有没有商量的余地？

　"在～上"は「～に関して」という意味で、よく使う表現です。

Zuì kuài shénme shíhou néng jiāohuò?
4 最快什么时候能交货？

　日本語と同じように、「最＋形容詞」で「最も～」と表現できます。

Wǒmen zài yánjiū yíxià guì gōngsī de bàojià.
5 我们再研究一下贵公司的报价。

　"研究"は「研究する」以外に「検討する」という意味もあります。

Kěyǐ fēnqī fùkuǎn ma?
6 可以分期付款吗？

　「一括払い」は"一次性付款 yícìxìng fùkuǎn"と言います。

Nà wǒmen jiù àn zhèige tiáojiàn dìnghuò.
7 那我们就按这个条件订货。

　「（この条件）で」は"按"という前置詞を使います。

Nà wǒmen míngtiān jiù qiān hétong ba.
8 那我们明天就签合同吧。

　副詞"就"は「早速」という意味を表します。

第64課 会議

▶▶▶▶ 会議のあいさつや、その進行中、質問についての必須フレーズを覚えて言ってみましょう。

□1 まず、今日の会議の出席者をご紹介します。

□2 まず、これまでの貴社のご愛顧とご協力に感謝いたします。
「ご愛顧」は"惠顾"と言ってみましょう。

□3 私から新商品の販売計画をご説明いたします。
「販売計画」は"销售计划"と言います。

□4 続きまして、王課長に報告してもらいましょう。
「続きまして」は"接下来"と言ってみましょう。

□5 お手元の資料をご参照ください。
「手元」は"手边"と言います。

□6 一点補足をさせていただきます。
「補足」は"补充"と言います。

□7 もしご質問がありましたら、どうぞ聞いてください。
「質問」は"问题"ですが、「質問をする」は"提问"と言います。

□8 マーケティングについて1つ質問があります。
「マーケティング」は"营销"と言います。

中国語会話のカギ

第4章　ビジネス会話編

会議の進行でよく使うのは順序を表す言葉です。"(首)先"（まず）、"接下来"（続いて）、"最后"（最後に）などを使ってみましょう。"首先"と"先"はどちらも「まず」という意味です。"首先"は読点で区切ることができますが、"先"は読点で区切ることができないという違いがあります。

1 Wǒ xiān lái jièshào yíxià jīntiān huìyì de chūxízhě.
我先来介绍一下今天会议的出席者。
🔑 ここの"来"は「積極的な姿勢を示す」効果がある言葉です。

2 Shǒuxiān, wǒ yào gǎnxiè guì gōngsī yǐwǎng de huìgù hé xiézhù.
首先，我要感谢贵公司以往的惠顾和协助。
🔑 "以往"は「これまで」、「以前」という意味です。

3 Yóu wǒ lái shuōmíng yíxià xīn chǎnpǐn de xiāoshòu jìhuà.
由我来说明一下新产品的销售计划。
🔑 "由"は「〜から」、「〜より」という意味の前置詞です。

4 Jiēxiàlái, qǐng Wáng kēzhǎng zuò yíxià huìbào.
接下来，请王科长做一下汇报。
🔑 "汇报"は"报告 bàogào"と言い換えても大丈夫です。

5 Qǐng dàjiā cānkǎo shǒubiān de zīliào.
请大家参考手边的资料。
🔑 "参考"は"参照 cānzhào"と言い換えても大丈夫です。

6 Wǒ zài bǔchōng yì diǎn.
我再补充一点。

7 Dàjiā rú yǒu wèntí qǐng tíwèn.
大家如有问题请提问。
🔑 "如"は"如果"を略した言い方です。

8 Guānyú yíngxiāo fāngmiàn wǒ yǒu yí gè wèntí.
关于营销方面我有一个问题。
🔑 "关于〜方面"は「〜について」という意味です。

第65課 催促

▶▶▶▶▶ 納期やオファーなどを催促するときの表現を練習しましょう。

□1 必ず期日通りに納品してください。
　　Q 「必ず」は"务必"という言葉を使ってみてください。

□2 すぐにご確認をお願いします。

□3 なるべく早めにご返信をいただければ幸いです。
　　Q 「返信する」は"回信"と言います。

□4 至急手付金を為替で送ってください。
　　Q 「為替で送る」は"汇"と言います。

□5 なるべく早くサンプル品の指示書をご用意ください。
　　Q 「用意する」は"提供"という言葉を使ってみましょう。

□6 サンプル品は必ず10月1日までに送ってください。

□7 すぐに注文書を出してください。そうしないと納期に間に合いません。
　　Q 「注文書を出す」は"下订单"と言います。

□8 もし今週中に出荷できなければ、注文をキャンセルします。
　　Q 「注文をキャンセルする」は"取消订单"と言います。

第4章 ビジネス会話編

中国語会話のカギ

催促する際によく使う言葉は「なるべく早く」「すぐに」「至急」など、日本語にたくさんありますが、緊急度が増す順に挙げると、中国語にも"尽快"、"马上"、"立刻"、"(火)速"などの多くの表現があります。状況によって使い分けましょう。

CD2 20

1 Qǐng wùbì ànshí jiāohuò.
请务必按时交货。
- "务必"は"一定"よりも語気が強いです。

2 Qǐng mǎshàng quèrèn yíxià.
请马上确认一下。
- 「すぐに」という意味の"立刻"もよく使います。

3 Xīwàng guì gōngsī jǐnkuài huíxìn.
希望贵公司尽快回信。
- "尽快"は「なるべく早く」という意味です。"尽早"とも言います。

4 Qǐng sù huìchū dìngjīn.
请速汇出定金。
- "速"は「至急」で、"火速"は「大至急」という意味になります。

5 Qǐng jǐnkuài tígōng yàngpǐn zhǐshìshū.
请尽快提供样品指示书。

6 Yàngpǐn qǐng yídìng zài shí yuè yī rì zhī qián jìlai.
样品请一定在十月一日之前寄来。
- 「郵便で送る」という動詞は"寄"を使います。

7 Qǐng lìkè xià dìngdān, fǒuzé jiāohuòqī láibují le.
请立刻下订单，否则交货期来不及了。
- 「間に合う」は"来得及"と言います。

8 Rúguǒ bù néng zài běn zhōu nèi fā huò, wǒmen jiāng qǔxiāo dìngdān.
如果不能在本周内发货，我们将取消订单。
- 「週」は会話でよく"星期"と言いますが、文面では"周"を使うのが一般的です。

第66課 確認

▶▶▶▶ 確認や問い合わせでよく使うフレーズをマスターしましょう。

□ 1 先週送ったメールは受け取りましたか。
　　「(メールを) 受け取る」は"收到"と言います。

□ 2 納期の変更はないかを確認したいのですが。
　　「納期」は"交货期"と言います。

□ 3 サンプル品の提出は大体何日間かかりますか。
　　「大体」は"大概"という言葉を使ってみましょう。

□ 4 サンプル品の費用はかかりますか。
　　直訳すると、「サンプル品の費用を受け取りますか」になります。

□ 5 注文書はいつ出せますか。
　　「出す」は"下"という動詞を使ってみましょう。

□ 6 責任者にもう一度確認してください。
　　「責任者」は"负责人"と言います。

□ 7 春節以降は、貴社はいつ開業されますか。
　　「開業」は"上班"と言ってみましょう。

□ 8 空港に迎えに来ていただけますか。
　　「空港まで迎える」は"接机"と言います。

第4章　ビジネス会話編

中国語会話のカギ

中国の会社は、生産管理や納品などの面で日本の会社と比べて"随便 suíbiàn"（大雑把）な印象があります。思いがけないことでトラブルが起きないために、こまめに確認することが大事です。確認するときは曖昧に聞くのではなく、箇条書きにしてはっきりと伝えるほうがいいでしょう。

CD2 21

Shàng xīngqī fā de yóujiàn shōudào le ma?
1 上星期发的邮件收到了吗？

> 「(メールを) 送る」は"发"を使います。

Wǒ xiǎng quèrèn yíxià jiāohuòqī shìfǒu yǒu biàngēng.
2 我想确认一下交货期是否有变更。

> "是否有变更"（変更はないか）を"有没有变更"と言っても大丈夫です。

Yàngpǐn jiāoqī dàgài yào duōshao tiān?
3 样品交期大概要多少天？

> "大概"は"大约 dàyuē"と言い換えられます。

Nǐmen shōuqǔ yàngpǐn fèiyòng ma?
4 你们收取样品费用吗？

> "收取"は「受け取る」という意味です。

Shénme shíhou kěyǐ xià dìngdān?
5 什么时候可以下订单？

> "可以"は"能"と言い換えられます。

Máfan nǐ xiàng fùzérén zàicì quèrèn yíxià.
6 麻烦你向负责人再次确认一下。

> 相手に何かをしてもらいたいときは"麻烦你"をつけると丁寧になります。

Chūnjié guòhòu nǐmen gōngsī jǐ hào kāishǐ shàngbān?
7 春节过后你们公司几号开始上班？

> 春節期間は中国のほとんどの会社が休業となります。

Nǐmen néng lái jīchǎng jiējī ma?
8 你们能来机场接机吗？

> 「(電車や列車の駅で) 出迎える」は"接站 jiēzhàn"と言います。

第4章　ビジネス会話編

151

第67課 生産管理

▶▶▶▶ 品質、納期、包装など、生産管理上でよく使うフレーズを厳選しました。練習してみましょう。

☐ **1** 製品にはサンプリング検査が必要です。
　Q 「サンプリング検査」は"抽样检查"と言います。

☐ **2** 品質点検報告書の提出をお願いします。
　Q 「品質点検」は"质检"と言います。

☐ **3** 今の生産状況で納品日に間に合いますか。
　Q 「間に合う」は"能赶上"または"赶得上"と言います。

☐ **4** 納品日を何日間延長しますか。
　Q 「延長」はそのまま"延长"と言います。

☐ **5** 必ず期日通りに納品してください。
　Q 「期間通り」は"按期"と言います。

☐ **6** 品質はサンプル品と同じレベルにしなければなりません。
　Q 「レベル」は"水平"と言います。

☐ **7** 包装するときは、絶対に注意しなければなりません。
　Q 「包装する」はそのまま"包装"と言います。

☐ **8** 契約書と注文書を再度ご確認ください。
　Q 「注文書」は"订货单"と言います。

第4章 ビジネス会話編

🔑 中国語会話のカギ

品質にこだわる日本企業から見れば、中国側の生産管理は緩い面があります。いろいろな対策の仕方がありますが、どの局面でも共通して言える大事なことの一つは、確認するということでしょう。その際に使う8の"请确认一下～"、場合によっては"请再次确认一下～"という表現は必須です。

CD2 22

Xūyào duì chǎnpǐn jìnxíng chōuyàng jiǎnchá.

1 需要对产品进行抽样检查。

> 「全面的に検査する」は"全检 quánjiǎn"と言います。

Qǐng tígōng zhìjiǎn bàogàoshū.

2 请提供质检报告书。

> "提供"は"提交 tíjiāo"とも言います。"提出"は不自然です。

Yǐ xiànzài de shēngchǎn qíngkuàng néng gǎnshang jiāohuòqī ma?

3 以现在的生产情况能赶上交货期吗？

> 「間に合わない」は"赶不上"と言います。

Jiāohuòqī xūyào yáncháng jǐ tiān?

4 交货期需要延长几天？

> "延长"の反対は"提前 tíqián"（繰り上げる）と言います。

Qǐng wùbì ànqī jiāohuò.

5 请务必按期交货。

> "一定"より"务必"のほうがより語気が強いです。

Zhìliàng yào dádào hé yàngpǐn yíyàng de shuǐpíng.

6 质量要达到和样品一样的水平。

> "达到"は「達する」という意味で、"到达"は「〜に到着する」という意味です。

Bāozhuāng shí yídìng yào xiǎoxīn.

7 包装时一定要小心。

> ここの"小心"は"注意 zhùyì"と言い換えても大丈夫です。

Qǐng zàicì quèrèn yíxià hétong hé dìnghuòdān.

8 请再次确认一下合同和订货单。

> "请再次确认一下～"は「〜について再度ご確認ください」という意味です。

153

第68課 クレーム

▶▶▶▶ クレームをつけるときに重宝するフレーズです。的確に対応できるように練習しておきましょう。

☐ 1 不良品が多過ぎます。
   Q 「不良品」は"次品"と言います。

☐ 2 製品の色はお願いしたものと少し違います。
   Q 「製品」は"成品"と言います。

☐ 3 期日通りに納品できないと、大変困ります。
   Q 「困る」は"为难"という言葉を使ってみましょう。

☐ 4 出荷が遅れたため、当方に大変な損失を受けました。
   Q 「出荷」は"发货"と言います。

☐ 5 今後、貴社の品質管理を徹底していただきたいと思います。
   Q 「〜していただきたい」は"希望"という言葉を使ってみましょう。

☐ 6 今回は御社に対して賠償請求をしなければなりません。
   Q 「賠償請求する」は"索赔"と言います。

☐ 7 契約の内容は相談結果と大きく食い違っています。
   Q 「大きく食い違っている」は"有很大的出入"という言い方を使ってみましょう。

☐ 8 コピー商品の製造を直ちにやめてください。
   Q 「偽造する」という意味の"仿造"を使ってみましょう。

中国語会話のカギ

第4章 ビジネス会話編

日本人にはストレートに不満や文句を言うことが苦手の人が多いようです。しかし、はっきりと意見を言う中国人を相手に曖昧な言い方をすると、自分の意志が全然伝わらないことがあります。クレームは"开门见山 kāiménjiànshān"（単刀直入に言う）を心がけましょう。

CD2 23

1 Cìpǐn tài duō.
次品太多。

2 Chéngpǐn de yánsè hé yāoqiú de bú tài yíyàng.
成品的颜色和要求的不太一样。
🔍 中国語の"要求"は日本語の「要求する」ほど語気が強くありません。

3 Bù néng ànshí jiāohuò, wǒmen hěn wéinán.
不能按时交货，我们很为难。
🔍 "按时"は「時間通り」、「期日通り」という意味です。"按期"と言ってもいいです。

4 Yóuyú fāhuò yánchí, wǒmen shòudào le hěn dà sǔnshī.
由于发货延迟，我们受到了很大损失。
🔍 "由于～"は「～のため」、「～が原因で」という意味です。

5 Xīwàng guì fāng jīnhòu nénggòu jiāqiáng zhìliàng guǎnlǐ.
希望贵方今后能够加强质量管理。
🔍 中国語にも"品质 pǐnzhì"という言葉がありますが、人の資質、人柄を言うことが多いです。

6 Zhèi cì wǒmen bùdébù xiàng guì fāng tíchū suǒpéi.
这次我们不得不向贵方提出索赔。
🔍 "不得不"は「～しなければならない」、「～せざるを得ない」という意味です。

7 Hétong nèiróng hé shāngdìng de jiéguǒ yǒu hěn dà de chūrù.
合同内容和商定的结果有很大的出入。
🔍 ここの"出入"は「不一致」、「食い違い」という意味です。

8 Qǐng lìjí tíngzhǐ fǎngzào wǒmen de chǎnpǐn.
请立即停止仿造我们的产品。
🔍 「すぐに」、「直ちに」は口語では"马上"と言います。

第69課 社内教育

▶▶▶▶▶ 社内教育によく使う「〜しないでください」や「必ず〜するように」という表現をマスターしましょう。

☐ 1 遅刻は厳禁です。
「厳禁」は「絶対に許されない」という表現を使いましょう。

☐ 2 仕事中に雑談はしないでください。
「雑談」は"闲聊"と言います。

☐ 3 社内でのプライベートの電話は控えてください。
「プライベート」は"私人"と言います。

☐ 4 ラフな格好をしないように身なりに注意してください。
「ラフ」は"随便"という言葉を使ってみましょう。

☐ 5 接客態度を改善せねばなりません。
「接客態度」は"服务态度"と言います。

☐ 6 張さんはどうして今日も早退したのですか。
「早退」は中国語も同じで"早退"と言います。

☐ 7 無断欠勤は絶対に許されません。
「無断欠勤」は"无故旷工"と言います。

☐ 8 出張報告書は必ず翌日私に提出してください。
「出張報告書」は"出差报告书"と言います。

第4章　ビジネス会話編

中国語会話のカギ

「～しないでください」という表現はいろいろありますが、"不要"、"不（允）许"、"禁止"がよく使われるので、ここでマスターしておきましょう。"不要"→"不（允）许"→"禁止"の順に語気が強くなります。状況によって上手に使い分けましょう。禁止表現については第77課も参照してください。

CD2 24

Juéduì bùxǔ chídào.
1 绝对不许迟到。
　"严禁迟到"という言い方もありますが、スローガンのようになってしまいます。

Gōngzuò qījiān búyào xiánliáo.
2 工作期间不要闲聊。

Zuìhǎo búyào zài gōngsī li dǎ sīrén diànhuà.
3 最好不要在公司里打私人电话。
　"最好"は「なるべく」という意味で、婉曲的にアドバイスする表現です。

Yào zhùyì chuānzhuó búyào tài suíbiàn.
4 要注意穿着不要太随便。
　「身なり」という意味の"穿着"の"着"の発音に気をつけましょう。

Yídìng yào gǎishàn fúwù tàidu.
5 一定要改善服务态度。
　"一定要～"は「必ず～をせねばならない」という強い意志を示す表現です。

Xiǎo Zhāng jīntiān zěnme yòu zǎotuì le?
6 小张今天怎么又早退了？
　"为什么"より、"怎么"のほうが詰問、非難する語気が強いです。

Juéduì bù yǔnxǔ wúgù kuànggōng.
7 绝对不允许无故旷工。
　"旷工"は「欠勤」ですが、"旷课"は「授業を欠席する」という意味になります。

Chūchāi bàogàoshū yídìng yào zài dì èr tiān jiāogěi wǒ.
8 出差报告书一定要在第二天交给我。
　中国語の"差"と日本語の「差」の字は異なるので注意しましょう。

第70課 スピーチ

スピーチは決まり文句を覚えてしまえば難しくありません。定番表現をマスターしてどんどん活用しましょう。

☐ 1　尊敬する幹部、来賓の方々、こんにちは！
　　Q 「幹部」は"领导"といいます。

☐ 2　ここでスピーチのチャンスをいただき、大変光栄に思います。
　　Q 「光栄」は"荣幸"と言います。

☐ 3　この場をお借りし、社員の皆様に感謝の意を申し上げます。
　　Q 「感謝の意を申し上げる」は"表示感谢"と言ってみましょう。

☐ 4　お忙しいなか、このパーティーにご参加いただき、ありがとうございます。
　　Q 「お忙しいなか」は"在百忙之中"と言います。

☐ 5　去年我が社は大変素晴らしい成績を収めました。
　　Q 「成績を収める」は"取得成绩"と言ってみましょう。

☐ 6　より輝かしい業績を上げていただきたいと思います。
　　Q "创造"という動詞を使ってみましょう。

☐ 7　我々の事業はますます発展していくと信じています。
　　Q "蒸蒸日上"という四字熟語を使ってみましょう。

☐ 8　最後に、我が社のいっそうの発展を一緒にお祈りしましょう。
　　Q 「祈る」は"祝愿"を使ってみましょう。

第4章 ビジネス会話編

中国語会話のカギ

これらの「万能」のフレーズをそのまま暗記して使えば、誰でも素晴らしいスピーチができます。日本語でスピーチをするとき、最後に「以上です」や「ご清聴ありがとうございます」などと言うのが一般的ですが、中国語の場合は最後に"我的讲话完了，大家谢谢 Wǒ de jiǎnghuà wánliǎo, dàjiā xièxie"で締めるのが普通です。

CD2 25

1 Zūnjìng de gèwèi lǐngdǎo, gèwèi láibīn, dàjiā hǎo!
尊敬的各位领导，各位来宾，大家好！

🔑 スピーチを始めるときの定番表現です。

2 Hěn róngxìng néng yǒu jīhuì zài zhèli jiǎnghuà.
很荣幸能有机会在这里讲话。

🔑 "荣幸"は"高兴"と入れ替えられます。

3 Jiè cǐ jīhuì, xiàng quántǐ yuángōng biǎoshì gǎnxiè.
借此机会，向全体员工表示感谢。

🔑 "此"は"这个"という意味ですが、"此"はよりフォーマルな言い方です。

4 Gǎnxiè dàjiā zài bǎi máng zhī zhōng cānjiā zhèi cì wǎnyàn.
感谢大家在百忙之中参加这次晚宴。

🔑 "晚宴"の部分を"会议"などに置き換えて活用してください。

5 Qùnián wǒmen gōngsī qǔdéle fēicháng hǎo de chéngjì.
去年我们公司取得了非常好的成绩。

6 Xīwàng dàjiā chuàngzàochū gèng hǎo de yèjì.
希望大家创造出更好的业绩。

🔑 "希望～"は「～してほしいと思います」という意味です。

7 Wǒ xiāngxìn, wǒmen de shìyè yídìng huì zhēngzhēng-rìshàng.
我相信，我们的事业一定会蒸蒸日上。

🔑 スピーチでは四字熟語が多用されます。

8 Zuìhòu, ràng wǒmen gòngtóng zhùyuàn gōngsī búduàn fāzhǎn.
最后，让我们共同祝愿公司不断发展。

🔑 スピーチの締めの定番表現です。力強く締めましょう。

コラム 4

ビジネス会話をする前に知っておきたいこと

　日中両国の関係をよく"一衣帯水"（両者の間に一筋の細い川ほどの狭い隔たりがあるのみで、非常に近接している）という四字熟語で表現することがよくあります。しかし、日本と中国はお互いに近い存在のようで、実はかなり距離があるのです。

　もし話す相手が欧米人やアフリカ人であれば、異なる意見や、まったく違う文化習慣を持っていても、さほど驚かないでしょう。しかし、外見が大差ない相手となると、つい仲間意識が働いてしまいます。「こんな常識は言わなくてもわかるだろう」と思ってしまい、相手が予想外の言動を取ってしまうと、「裏切られた」という気持ちになり、ショックと怒りがつのります。

　中国人と日本人は外見が似ている割に、性格と価値観の違いはかなり大きいのです。それぞれの「常識」の差異もそれぞれが考えている以上に大きいです。常に交渉、交流が必要なビジネスの世界では、これについていかに深く理解できるかが重要です。

　文化というものは、違いがあっても、良し悪しはありません。これはビジネスに限らず、中国人との交流においても言えることだと思います。自国の文化をスタンダードとせずに、互いに寛容・尊重の姿勢で接し、相手と上手くコミュニケーションをとれるようにしましょう。

第5章
文法活用編

実用的で分かりやすいフレーズを収録しました。丸ごと覚えるだけで、重要な文法ポイントをマスターできます！

●第71課 （CD-2 Track-26）
▼
●第90課 （CD-2 Track-45）

第71課 助動詞 "会"

▶▶▶▶ 助動詞 "会" を使うと「(技術・技能を習得して) できる」、「(事柄が起きる可能性があって)〜だろう」と言えます。

☐ **1** 私は少しドイツ語が話せます。
　💡「少し」は "一点儿" を使いましょう。

☐ **2** あなたはスキーができますか。

☐ **3** タバコは吸いません。ありがとうございます。
　💡「吸う」という動詞は、"抽" でも "吸" でも OK です。

☐ **4** 口が上手いですね！
　💡「上手いですね」は "会" の前に何かをつけ加えましょう。

☐ **5** 歌が上手いと聞いていますよ。
　💡「(人から)〜と聞いている」は "听说" を使いましょう。

☐ **6** 今日は雨が降るのかな。
　💡 "会不会" という反復疑問文にすると、「(可能性があるの)かな?」というニュアンスになります。

☐ **7** 彼は私のことをだますはずがない。
　💡「だます」は "骗" と言います。

☐ **8** 私たちは必ず成功するでしょう。
　💡「必ず」、「きっと」は "一定" を使いましょう。

中国語会話のカギ

助動詞"会"は可能を表す「～できる」という意味で用いられるとき、"会"の前に副詞"很"や"真"などをつけると「～するのが上手だ」「よくできる」というニュアンスになります。また、"会"は可能性を表す「～するだろう」「～のはずだ」という意味もあり、その場合は、"会"と呼応して、語尾に"的"を用いることが多いです。

1 Wǒ huì shuō yìdiǎnr Déyǔ.
我会说一点儿德语。
"一点儿"は動詞と目的語の間に置きましょう。

2 Nǐ huì huáxuě ma?
你会滑雪吗?
"滑"は日本語の「滑」の字と違いますので、注意しましょう。

3 Wǒ bú huì chōuyān, xièxie.
我不会抽烟，谢谢。
中国人はタバコを勧める習慣があります。吸わなければこのように言いましょう。

4 Nǐ zhēn huì shuōhuà!
你真会说话!
"会"の前に"真"などの副詞をつけると、「～が上手い」という意味になります。

5 Tīngshuō nǐ hěn huì chànggē.
听说你很会唱歌。

6 Jīntiān huì bu huì xiàyǔ ne?
今天会不会下雨呢?
反復疑問文"会不会"の語尾には"吗"は用いられないことに注意しましょう。

7 Tā bú huì piàn wǒ de.
他不会骗我的。
「可能性」の意味で用いられる"会"に呼応して、語尾に"的"を用いることが多いです。

8 Wǒmen yídìng huì chénggōng de.
我们一定会成功的。

第72課 助動詞 "能"

▶▶▶▶▶ 助動詞 "能" には用法①「身体や知恵の能力があってできる」、②「ある条件の下でできる」があります。

☐ **1** あなたは英字新聞を読めますか。
　🅠「読める」はどのように言えばいいでしょうか。

☐ **2** 私は一晩で瓶ビールを5本飲めます。

☐ **3** 彼はかなり辛いものが食べられます。
　🅠「かなり」のように、程度の副詞はどのように表現したらいいでしょうか。

☐ **4** これらの仕事をあなた1人で終えられますか。
　🅠「終える」は "完成" と言ってみましょう。

☐ **5** 彼は風邪をひいたので、授業に出られません。
　🅠 "感冒" は「風邪」、「風邪をひく」という名詞、動詞の両方の用法があります。

☐ **6** この牛乳は賞味期限が切れたので、もう飲めません。
　🅠「賞味期限が切れる」は "过期" と言います。

☐ **7** ここに車を停められますか。
　🅠 反復疑問文（「肯定＋否定」の形）を使ってみましょう。

☐ **8** お酒を飲んだら絶対に運転をしてはいけません。
　🅠「絶対に」は "绝对" と言います。

中国語会話のカギ

助動詞"会"も「~ができる」という意味がありますが、"会"は「できるかできないか」の点だけ言うのに対して、"能"は「できる能力」は前提としてあり、どのくらいできるのかという程度を言います。また、否定の形の"不能"は「~をしてはいけない」という禁止を表す **8** のような場合があるので要注意です。

1 Nǐ néng kàndǒng Yīngwén bàozhǐ ma?
你能看懂英文报纸吗?

> "看"は「読む」で、"看懂"は「読んでわかる」、「読める」という意味があります。

2 Wǒ yì wǎnshang néng hē wǔ píng píjiǔ.
我一晚上能喝五瓶啤酒。

> 量を表す"五瓶"の位置に注意してください。

3 Tā hěn néng chī là de.
他很能吃辣的。

> "能"の前に副詞、"很"などをつけ、「どのくらいできるのか」という程度を表します。

4 Zhèixiē gōngzuò nǐ yí ge rén néng wánchéng ma?
这些工作你一个人能完成吗?

> "一个人"の位置は"能"の前でも後ろでもかまいません。

5 Tā gǎnmào le, jīntiān bù néng lái shàngkè.
他感冒了,今天不能来上课。

6 Zhè niúnǎi guòqī le, bù néng hē le.
这牛奶过期了,不能喝了。

> "了"は「飲めなくなった」という「状況の変化」を表します。

7 Zhèr néng bu néng tíngchē?
这儿能不能停车?

> 「駐車」も「停車」も中国語では"停车"と言います。「駐車場」は"停车场"です。

8 Hēle jiǔ juéduì bù néng kāichē.
喝了酒绝对不能开车。

第73課 助動詞 "可以"

助動詞 "可以" は「許可されてできる」という意味を表します。
「〜するといいですよ」とアドバイスをするときにも使えます。

☐ 1 ここに座っていいですか。
　「ここに」の「に」を忘れないでください。

☐ 2 ここで写真を撮っても大丈夫ですか。
　「写真を撮る」は "拍照" でも "照相" でもOKです。

☐ 3 この車は7人乗れます。
　車を数える量詞は "辆" を使いましょう。

☐ 4 また君を誘ってもいい？
　「誘う」は "约" と言います。

☐ 5 タクシーはつかまりにくいので、地下鉄で行くといいですよ。
　「つかまりにくい」は "不好打" を使いましょう。

☐ 6 おまわりさんに聞いてみたらどうですか。

☐ 7 A:ママ、もう1つ飴をなめてもいい？　B:もうなめちゃだめ。
　「飴」の量詞は "块" です。

☐ 8 A:今日君の家に行ってもいい？　B:ダメ。今日はお母さんが家にいるよ。
　Bの台詞の「だめ」は "不行" を使ってみましょう。

第5章 文法活用編

中国語会話のカギ

"可以"の否定形、"不可以"という形はあまり使いません。"不可以"は「禁止」のニュアンスが強いため、語気が柔らかめの"不能"を使う方が多いです。また、"不行"（だめです）という言い方もありますが、"不行"の後は何もつけることはできず、いつも句点で終わります。

CD2 28

Wǒ kěyǐ zuò zài zhèr ma?
1 我可以坐在这儿吗？

> 相席を頼むときに使いましょう。"我坐在这儿，可以吗？"でも OK です。

Zhèr kěyǐ pāizhào ma?
2 这儿可以拍照吗？

> 寺院や軍事施設周辺などは、撮影禁止のところもありますので要注意です。

Zhèi liàng chē kěyǐ zuò qī ge rén.
3 这辆车可以坐七个人。

Hái kěyǐ yuē nǐ ma?
4 还可以约你吗？

> 次のデートに誘うときに使いましょう。

Chūzūchē bù hǎo dǎ, nǐ kěyǐ zuò dìtiě qù.
5 出租车不好打，你可以坐地铁去。

> 北京などの大都市では渋滞がひどいので、"出租车"はなかなかつかまりません。

Nǐ kěyǐ wèn yíxià jǐngchá.
6 你可以问一下警察。

> "警察"は「警察」という組織を表すのではなく、「警察官」を指します。

Māma, wǒ kěyǐ zài chī yí kuàir táng ma?　　Bù néng chī le!
7 A:妈妈，我可以再吃一块儿糖吗？　B:不能吃了！

> "又"も「もう一つ」の意味がありますが、すでに起きたことに使います。

Wǒ jīntiān kěyǐ qù nǐ jiā ma?　　Bù xíng. Jīntiān wǒ mā zài jiā.
8 A:我今天可以去你家吗？　B:不行。今天我妈在家。

> "不行去"、"不行来"などの言い方はありませんので要注意です。

第74課 動詞の重ね型

▶▶▶▶ 動詞を繰り返すと、その動作を気軽に行う「ちょっと〜する」「〜してみる」という表現がつくれます。

□ **1** ちょっと待ってください。

□ **2** A:今年おいくつですか。　B:当ててみてください。
「当てる」は"猜"と言います。

□ **3** あの人に聞いてみましょう。
「〜しましょう」は何を使えばいいでしょうか。

□ **4** しょっぱいかどうか味見してみて。
「味見する」は"尝"と言います。

□ **5** 彼はちょっと考えてから、「だめだ」と言った。
すでに起きたことについて述べる場合、動詞の重ね型の間にある語が必要です。

□ **6** ちょっとパスポートを見せてください。
「パスポート」は"护照"と言います。

□ **7** 疲れたでしょう？　ちょっと休みましょう！
二音節動詞の重ね型は2パターンありますが、どちらを使えばいいでしょうか。

□ **8** 週末は家で本を読んだり、インターネットをするのが好きです。
「インターネットをする」は"上网"です。

第 5 章　文法活用編

中国語会話のカギ

動詞の重ね型は、動詞の種類によって以下のような形をとります。
1. 単音節の動詞 A → AA
2. 2 音節の動詞 AB は二つのパターンがあります。
　① AB → ABAB
　②"看书"、"写字"などの「動詞+名詞」パターンのものは AAB という形になります。

CD2 29

1 Děngdeng wǒ.
等等我。

　動詞の重ね型の 2 つ目の動詞は軽声で発音します。

2 A：Nǐ jīnnián duō dà le？　B：Nǐ cāicai.
A：你今年多大了？　B：你猜猜。

　年齢を聞かれて答えたくないときは"你猜猜"と言ってみましょう。

3 Wǒmen wènwen nèige rén ba.
我们问问那个人吧。

　「～しましょう」は"吧"を使いましょう。

4 Nǐ chángchang xián bu xián？
你尝尝咸不咸？

　「塩辛い」は"咸"で、唐辛子が効く「辛い」は"辣 là"と言います。

5 Tā xiǎnglexiǎng, shuō："Bù xíng".
他想了想，说："不行"。

　すでに起きたことについて述べる場合は、動詞の重ね型の間に"了"を入れます。

6 Qǐng ràng wǒ kàn yi kàn nín de hùzhào.
请让我看一看您的护照。

　動詞の重ね型の間に"一"を入れることがよくあります。

7 Lèi le ba？　Wǒmen xiūxixiūxi ba！
累了吧？　我们休息休息吧！

　ABAB のパターンですね。2 音節動詞の間に"一"を入れることはできません。

8 Zhōumò wǒ xǐhuan zài jiā kànkan shū, shàngshang wǎng.
周末我喜欢在家看看书，上上网。

　"上网"も「動詞+名詞」のパターンの動詞なので、AAB という形になります。

第75課 "一点儿"と"有点儿"

▶▶▶▶▶ "一点儿"と"有点儿"はどれも状態の軽さを表す言葉で、形が似ていて混同しやすいのですが、用法がかなり違うので注意が必要です。

☐ **1** 私は少し中国語が話せます。

☐ **2** 彼が話す中国語はやや早いので、私は聞き取れません。
　🄠「聞き取れません」は"听不懂"と言います。

☐ **3** 国産品は輸入品より少し高いです。
　🄠「輸入」は"进口"です。ちなみに「輸出」は"出口"と言います。

☐ **4** この服はいいことはいいけど、値段が少し高いです。
　🄠「いいことはいい」はそのまま"好是好"と言います。

☐ **5** 私は味が少し辛いほうが好きです。
　🄠「味」は"味道"と言います。

☐ **6** この料理はちょっと辛いので、彼はあまり好きではありません。

☐ **7** 昨日はちょっと寒かったけど、今日は少し暖かくなりました。
　🄠 この文は、"一点儿"と"有点儿"の両方を使います。

☐ **8** こちらの物件は家賃が少し安いのですが、駅からはちょっと遠いです。
　🄠「家賃」は"房租"と言いましょう。

中国語会話のカギ

"一点儿"は一般的に動詞または形容詞の後ろに置きます。"有点儿"は形容詞の前に置きます。また、"有点儿"は意に沿わないという主観的な見解に対して「少し～」と使いますが、"一点儿"は物事を客観的に比較して「少し～」という意味で使うことが多いです。

CD2 30

Wǒ huì shuō yidiǎnr Hànyǔ.
1 我会说一点儿汉语。

Tā shuō de Hànyǔ yǒudiǎnr kuài, wǒ tīngbudǒng.
2 他说的汉语有点儿快，我听不懂。
🔍「早口で聞き取れないことは好ましくない」という主観的な判断が入るので、"有点儿"を使います。

Guóchǎn de bǐ jìnkǒu de guì yidiǎnr.
3 国产的比进口的贵一点儿。
🔍 客観的に比べた結果を言っているので、"一点儿"を使います。

Zhèi jiàn yīfu hǎo shì hǎo, jiùshì yǒudiǎnr guì.
4 这件衣服好是好，就是有点儿贵。
🔍「ものはいいが値段が高い」という不満を言っているので、"有点儿"を使います。

Wǒ xǐhuan chī là yidiǎnr de wèidào.
5 我喜欢吃辣一点儿的味道。
🔍 "一点儿"は形容詞の後ろに用います。

Zhèige cài yǒudiǎnr là, tā bú tài xǐhuan.
6 这个菜有点儿辣，他不太喜欢。
🔍 "有点儿"は形容詞の前に用います。

Zuótiān yǒudiǎnr lěng, jīntiān nuǎnhuo yidiǎnr le.
7 昨天有点儿冷，今天暖和一点儿了。
🔍「寒い」は好ましくないことなので、"有点儿"を使います。

Zhèige fángzi fángzū piányi yidiǎnr, kě lí chēzhàn yǒudiǎnr yuǎn.
8 这个房子房租便宜一点儿，可离车站有点儿远。
🔍「駅から遠い」は好ましくないことなので、"有点儿"を使います。

第76課 全否定の表現

▶▶▶▶ "一"を用いて「一つもない」、疑問詞を用いて「何もない」といった全否定の表現を練習しましょう。

□1 財布に一銭もない。
　　中国のお金の最小単位は"分"です。

□2 知っている人は1人もいない。

□3 ちっとも高くない。
　　"一点儿"を使いましょう。

□4 お酒は一口も飲めません。
　　「飲めません」は"不能喝"と言いましょう。

□5 今日は食欲がないので、何も食べたくありません。
　　「食欲」はそのまま"食欲"と言います。

□6 体調が悪いので、どこへも行きたくありません。
　　「体調が悪い」は"身体不舒服"と言います。

□7 今日は気分がよくないので、誰にも会いたくありません。
　　「気分がよくない」は"心情不好"と言います。

□8 これは私の宝物です。いくらお金を出されても売りません。
　　「宝物」は"宝贝"と言います。

第5章 文法活用編

中国語会話のカギ

中国語の全否定の表現は日本語の語順によく似ています。「一つも／少しも～ない」は「"一"＋量詞＋（モノやヒト）＋"也／都"＋否定」、「何も／誰も、どこも（など）～ない」は「疑問詞＋"也／都"＋否定」で表します。"也"と"都"はどちらを使ってもかまいません。

CD2 31

1 Qiánbāo li yì fēn qián yě méi yǒu.
钱包里一分钱也没有。

> "一分钱"は「一銭のお金」という意味です。

2 Yí ge rènshi de rén dōu méi yǒu.
一个认识的人都没有。

> "认识"は「見たことがあって知っている」、"知道"は「情報や知識として知っている」の意。

3 Yìdiǎnr yě bú guì.
一点儿也不贵。

4 Yì kǒu jiǔ dōu bù néng hē.
一口酒都不能喝。

> 飲みたくないのに飲まされそうなときに使ってみましょう。

5 Jīntiān méiyǒu shíyù, shénme dōu bù xiǎng chī.
今天没有食欲，什么都不想吃。

6 Shēntǐ bù shūfu, nǎr yě bù xiǎng qù.
身体不舒服，哪儿也不想去。

> 誘われて行きたくないときにこれを使って断りましょう。

7 Jīntiān xīnqíng bù hǎo, shéi dōu bù xiǎng jiàn.
今天心情不好，谁都不想见。

> "谁都不想见面"は誤った言い方です。

8 Zhè shì wǒ de bǎobèi, duōshao qián dōu bú mài.
这是我的宝贝，多少钱都不卖。

第77課 禁止の表現 "別〜" "不要〜"

▶▶▶▶ この課では、禁止を表す構文「〜しないでください」「〜するな」のフレーズを練習しましょう。

□ **1** 心配しないでください。

□ **2** 運転する人は絶対にお酒を飲んではいけません。
   「絶対に」は、語気を強調する副詞 "可" を使ってみましょう。

□ **3** 気を落とさないで！

□ **4** 調子に乗るなよ！
   "得意忘形" という四字成語を使ってみましょう。

□ **5** ここでたばこを吸わないでください。
   人を注意するときはなるべく丁寧に言いましょう。

□ **6** このことは絶対に他の人に教えてはいけませんよ。
   「絶対に」は "千万" という語を使ってみましょう。

□ **7** 冗談はもうやめてください！
   「冗談」は "玩笑" と言います。

□ **8** 酔っぱらったね、もう飲むのをやめなさい。
   「酔う」は "醉" と言います。

中国語会話のカギ

やめてほしいことの前に"别"または"不要"を加えると「〜しないでください」という禁止表現になります。文頭に"请"をつけると語気が和らぎ、丁寧な言い方になります。文末に"了"をつけることがよくあるのですが、「もうこれ以上するのをやめて」というニュアンスが出ます。

Bié dānxīn.
1 别担心。
- "不要担心"でもOKです。

Kāichē de rén kě bié hējiǔ!
2 开车的人可别喝酒！
- "可"の位置に注意してください。

Búyào xièqì.
3 不要泄气！
- "泄气"は「気が抜ける」、「気を落とす」という意味です。

Búyào déyì wàng xíng!
4 不要得意忘形！

Qǐng bié zài zhèli chōuyān.
5 请别在这里抽烟。
- "请"をつける場合は"别"は"请"の後に置きます。

Zhèi jiàn shì qiānwàn búyào gàosu biéren.
6 这件事千万不要告诉别人。
- "告诉（＝英語のtell）"と"教（＝英語のteach）"の違いに注意しましょう。

Bié kāi wánxiào le!
7 别开玩笑了！
- 「冗談を言う」の動詞は"说"ではなくて"开"です。

Nǐ zuì le, bié hē le.
8 你醉了，别喝了。
- "别喝了"は「これ以上飲まないで」という意味です。2と比較しましょう。

第78課 近い未来の表現 "快要／就要〜了"

▶▶▶▶▶ 「もうすぐ〜」「じきに〜」という近い未来は"快／要／快要／就要〜了"という構文を使って言ってみましょう。

□ 1 間もなく雨が降ってきそうです。

□ 2 授業はもうすぐ終わります。

□ 3 彼はそろそろ大学を卒業します。
　　Q 「卒業」は"毕业"ですね。

□ 4 間もなく発車します。
　　Q 「時間が切迫している」というニュアンスを出すには、どのように表せばいいでしょうか。

□ 5 彼らは来月結婚します。
　　Q 結婚する時期は「来月」です。

□ 6 明日試験なのに、どうしてまだ復習しないの？
　　Q 試験は「明日」です。

□ 7 彼女はもうすぐ30歳になるそうです。
　　Q 「30歳」は数量詞ですね。

□ 8 もうすぐ12時だから、ご飯を食べに行きましょう！
　　Q 「12時」は時間名詞ですね。

中国語会話のカギ

第5章 文法活用編

近い未来を表す構文には"要～了"、"快～了"、"快要～了"、"就要～了"の4つの形があります。どの形で言っても問題ないものもありますが、以下のような制限がある場合もあるので注意が必要です。①事柄が起きる具体的な時間を言う場合は"就要～了"の形を使います（**5、6**）②「～」の部分が数量詞や時間名詞の場合は"快～了"の形を使います（**7、8**）

CD2 33

Yào xiàyǔ le.
1 要下雨了。

> "要～了"、"快～了"、"快要～了"、"就要～了"の4つの形で言うことができます。

Kuài xiàkè le.
2 快下课了。

> "要～了"、"快～了"、"快要～了"、"就要～了"の4つの形で言うことができます。

Tā kuàiyào dàxué bìyè le.
3 他快要大学毕业了。

> "毕业大学"とは言いません。語順に注意しましょう。

Mǎshàng jiùyào fāchē le.
4 马上就要发车了。

> "马上"を使うと、時間が切迫しているニュアンスが加わります。

Tāmen xià ge yuè jiùyào jiéhūn le.
5 他们下个月就要结婚了。

> 結婚する時期を表す"下个月"があるので、"就要～了"の形を使います。

Míngtiān jiùyào kǎoshì le, nǐ zěnme hái bú fùxí ?
6 明天就要考试了，你怎么还不复习？

> 試験の時間を表す"明天"があるので、"就要～了"の形を使います。

Tīngshuō tā kuài sānshí suì le.
7 听说她快三十岁了。

> "三十岁"は数量詞なので、"快～了"の形を使います。

Kuài shí'èr diǎn le, wǒmen qù chīfàn ba !
8 快十二点了，我们去吃饭吧！

> "十二点"は時を表す名詞なので、"快～了"の形を使います。

第79課 "一～就…" 構文

▶▶▶▶ "一～就…"構文を使って2つの動作や事柄の関係の緊密性を表すフレーズを言ってみましょう。

□1 彼は家に帰るとすぐにテレビをつけます。

□2 駅に着いたらすぐあなたに電話をします。
   Q 「あなたに」は何と言いますか。

□3 聞いたらすぐに分かりました。

□4 会うとすぐに彼女のことが好きになりました。
   Q 「好きになる」はどう表現したらいいのでしょう。

□5 お酒を飲むとすぐに顔が赤くなります。
   Q 「顔」は"脸"ですね。

□6 家事の話となるとすぐけんかになります。
   Q 「家事」は"家务"と言います。

□7 彼女は土曜日になるといつも図書館に行きます。

□8 彼は暇さえあれば携帯をいじります。
   Q 「いじる」は"摆弄"と言ってみましょう。

中国語会話のカギ

"一～就…"構文は、①２つの事柄を相次いで行う「～するとすぐ…」(**1**～**4**)、②１つ目の事柄が起きると、必然的に２つ目の事柄が起きる「～すると必ず…」(**5**～**8**) という状況を表します。"一"の声調は後ろの字の声調によって変化しますので、注意しましょう。

1 Tā yì huíjiā jiù kāi diànshì.
他一回家就开电视。

> 「(電源を)つける」は"开"で、「(電源を)消す」は"关 guān"と言います。

2 Wǒ yí dào chēzhàn jiù gěi nǐ dǎ diànhuà.
我一到车站就给你打电话。

> 南方では"打电话给你"と言うのが一般的です。

3 Yì tīng jiù míngbai le.
一听就明白了。

4 Yí jiànmiàn jiù xǐhuanshang tā le.
一见面就喜欢上她了。

> ここの"上"は「～し始める」という意味です。

5 Yì hē jiǔ jiù liǎnhóng.
一喝酒就脸红。

6 Yì tán jiāwù de shì jiù chǎojià.
一谈家务的事就吵架。

> "吵架"は「口げんか」で、「(手を出して)けんかする」は"打架"と言います。

7 Tā yí dào xīngqīliù jiù qù túshūguǎn.
她一到星期六就去图书馆。

> 「土曜日」は"礼拜六 lǐbàiliù"、"周六 zhōuliù"とも言います。

8 Tā yì yǒu shíjiān jiù bǎinòng shǒujī.
他一有时间就摆弄手机。

> 「スマートフォン」は"智能手机 zhìnéng shǒujī"と言います。

第80課 "一边〜一边…"構文

▶▶▶▶▶ "一边〜一边…"構文を使って2つの動作や事柄が同時に進行する表現を練習しましょう。

□1 朝ごはんを食べながら新聞を読みます。

□2 聞きながらメモを取ります。
　　Q「メモをとる」は"记笔记"と言います。

□3 お母さんはテレビを見ながらセーターを編んでいます。
　　Q「セーターを編む」は"织毛衣"と言います。

□4 彼女は仕事をしながら子どもの世話をしていて大変です。
　　Q「世話をする」は"照顾"と言います。

□5 子どもたちは歌いながら踊っていて、すごくうれしそうです。
　　Q「すごく〜」は"〜极了"と言ってみましょう。

□6 歩きながら話しましょう。

□7 彼はいつも入浴しながら歌を歌います。
　　Q「いつも」は"总是"を使いましょう。

□8 運転しながら電話をするのは危険です。
　　Q「運転する」は"开车"と言います。

中国語会話のカギ

"一边〜一边…"構文は、①"一边"の"一"を省くことができる、②"一边"は"一面"と言い換えることができるが、"一面"の場合は"一"を省くことができない、③口語では"一边"の発音はr化になることが多いのですが、"一面"はr化音にならない、というルールがあります。

CD2 35

Yìbiān chī zǎofàn yìbiān kàn bàozhǐ.
1 一边吃早饭一边看报纸。

> 「新聞を読む」は"读报纸 dú bàozhǐ"と言うこともできます。

Yìbiān tīng yìbiān jì bǐjì.
2 一边听一边记笔记。

Māma yìbiān kàn diànshì yìbiān zhī máoyī.
3 妈妈一边看电视一边织毛衣。

> "织毛衣"は"打毛衣"と言うこともできます。

Tā yímiàn gōngzuò yímiàn zhàogù háizi, hěn xīnkǔ.
4 她一面工作一面照顾孩子，很辛苦。

Háizimen biān chàng biān tiào, gāoxìng jíle.
5 孩子们边唱边跳，高兴极了。

Zánmen biān zǒu biān shuō ba.
6 咱们边走边说吧。

> "边走边谈 biān zǒu biān tán"、"边走边聊 biān zǒu biān liáo"も OK です。

Tā zǒng shì biān xǐzǎo biān chànggē.
7 他总是边洗澡边唱歌。

Biān kāichē biān dǎ diànhuà hěn wēixiǎn.
8 边开车边打电话很危险。

第81課 疑問詞の非疑問用法

▶▶▶▶ 使いこなせたら中国語らしい中国語になりますので、マスターしましょう。

□1 彼は誰も信用しません。
「信用する」は"相信"と言います。

□2 この子は何に対しても好奇心を持っています。
「好奇心を持っている」は"好奇"と言います。

□3 どんなにお願いしても彼は承知してくれません。
「お願いする」は"求"を使いましょう。

□4 私たちはどこかでお会いしたことがありますよね。
不確定なニュアンスを表すには"好像"を使いましょう。

□5 いつか家に遊びにおいでください。

□6 遠慮しないで、食べたいものを何でも頼んでください。
「(料理を)頼む」は"点"を使いましょう。

□7 君の言う通りにしましょう。
疑問詞"怎么办"を繰り返して言ってみましょう。

□8 市場での買い物は、要求された値段を払ってはだめですよ。
「要求する」は"要"を使ってみましょう。

中国語会話のカギ

疑問詞が疑問文として使われない用法には、主に次の3種類があります。
①疑問詞＋"也／都"（何でも、いつでも、誰でも…）（**1、2、3**）
②疑問詞（何か、いつか、誰か…）（**4、5**）
③疑問詞＋（"就"）＋同じ疑問詞（すべての何でも…）（**6、7、8**）

1 Tā shéi yě bù xiāngxìn.
他谁也不相信。
"也"を"都"と言っても意味は同じです。

2 Zhèi háizi duì shénme dōu hàoqí.
这孩子对什么都好奇。
"好奇"の"好"は第4声で発音します。

3 Zěnme qiú tā dōu bù dāyìng.
怎么求他都不答应。
"答应"の"答"は第1声で発音します。

4 Wǒmen hǎoxiàng zài nǎr jiànguo ba.
我们好像在哪儿见过吧。
"见过面"と言っても大丈夫ですが、"见面过"は誤った言い方です。

5 Shénme shíhou lái wǒ jiā wánr ba.
什么时候来我家玩儿吧。
"什么时候"を"哪天 nǎtiān"と言ってもOKです。

6 Xiǎng chī shénme jiù diǎn shénme, bié kèqi!
想吃什么就点什么，别客气！
"客气"は「気を使う」、「遠慮する」という意味です。

7 Nǐ shuō zěnmebàn jiù zěnmebàn.
你说怎么办就怎么办。

8 Zài shìchǎng mǎi dōngxi, bù néng yào duōshao qián jiù gěi duōshao qián.
在市场买东西，不能要多少钱就给多少钱。
"给"は"付"と言ってもOKです。

第82課 比較の表現

▶▶▶▶ 2つのことを比べるときの「AはBより〜だ」という比較表現を言ってみましょう。

☐ 1 姉は妹より性格が明るいです。
　Q 「性格が明るい」は"活泼"を使ってみましょう。

☐ 2 牛肉は鶏肉よりカロリーが高いです。
　Q 「カロリー」は"卡路里"と言います。

☐ 3 李課長のビール腹は僕のより立派です。
　Q 「ビール腹」はそのまま"啤酒肚"と言います。

☐ 4 今年は去年より少し痩せました。
　Q 「少し」の位置に気をつけましょう。

☐ 5 中国のマーボー豆腐は日本のよりずっと辛いです。
　Q 「ずっと」は何と言いますか。

☐ 6 彼は私より5センチ高いです。
　Q 「センチ (cm)」は"公分"と言います。

☐ 7 私はあなたほど忙しくありません。
　Q 否定形はどのように言えばいいでしょうか。

☐ 8 百聞は一見に如かず。

第5章 文法活用編

中国語会話のカギ

比較の表現の基本形は「A +"比"+ B +比較の結果」です。比較した具体的な差についての説明をするときは「A +"比"+ B +比較の結果+("一点儿"／"多了"／"得多"／数値の差)」を使いましょう。比較表現の否定形は"没有"や"不如"を用います。

CD2 37

Jiějie bǐ mèimei huópō.
1 姐姐比妹妹活泼。

Niúròu bǐ jīròu kǎlùlǐ gāo.
2 牛肉比鸡肉卡路里高。
　"牛肉的卡路里比鸡肉的高"と言ってもOKです。

Lǐ kēzhǎng de píjiǔ dù bǐ wǒ de dà.
3 李科长的啤酒肚比我的大。
　"我的"の後に"啤酒肚"が省略されています。

Jīnnián bǐ qùnián shòule yìdiǎnr.
4 今年比去年瘦了一点儿。

Zhōngguó de mápó dòufu bǐ Rìběn de là duō le.
5 中国的麻婆豆腐比日本的辣多了。
　"辣多了"(ずっと辛い)を"辣得多"と言ってもOKです。

Tā bǐ wǒ gāo wǔ gōngfēn.
6 他比我高五公分。
　比較結果の数値の差は文の最後に置きます。

Wǒ méiyǒu nǐ nàme máng.
7 我没有你那么忙。
　"这么"(こんなに)や"那么"(そんなに)のような表現は比較結果の前に置きます。

Bǎi wén bù rú yí jiàn.
8 百闻不如一见。
　"不如"は後者の方が好ましい場合のみ使います。

第83課 "是〜的" 構文

▶▶▶▶ "是〜的" 構文は、事がらが行われた時間（いつ）、場所（どこで）、様態（どのように）、人（誰が）などに焦点を当てて述べる構文です。

☐ **1** 彼は先週来たのですよ。

☐ **2** このチャイナドレスは上海で買ったものです。
　「チャイナドレス」は"旗袍"で、量詞は"件"を使います。

☐ **3** あなたたちはどうやって知り合ったのですか。
　「知り合う」は"认识"を使ってみましょう。

☐ **4** この料理は僕が自分で作ったのですよ。
　「自分で」は"自己"ですが、どこに置いたらいいですか。

☐ **5** 私は一昨日北京から帰って来ました。
　「帰ってくる」は"回来"ですね。

☐ **6** 私は飛行機ではなく、新幹線で来たのです。
　"是"を省略して言ってみましょう。

☐ **7** 誰が部屋を掃除したのですか。
　「部屋」という目的語を置く位置に注意しましょう。

☐ **8** あのことは彼が私に教えてくれたのです。

第5章 文法活用編

中国語会話のカギ

"是〜的"構文は「〜」の部分を強調します。「〜」にスポットライトを当てて際立たせる照明装置のような構文と考えるといいでしょう。"是"は省略することもあります。"的"は普通、文末に置きますが、動詞が目的語を伴う場合、目的語の前に来ることがあります。

CD2 38

Tā shì shàngzhōu lái de.
1 他是上周来的。
🔍 "上周"という「時間」を強調しています。

Zhèi jiàn qípáo shì zài Shànghǎi mǎi de.
2 这件旗袍是在上海买的。
🔍 "上海"という「場所」を強調しています。

Nǐmen shì zěnme rènshi de?
3 你们是怎么认识的?
🔍 "怎么"という「方式」を強調しています。

Zhèige cài shì wǒ zìjǐ zuò de.
4 这个菜是我自己做的。
🔍 "我"という「人」を強調しています。

Wǒ shì qiántiān cóng Běijīng huílai de.
5 我是前天从北京回来的。
🔍 "前天"という「時間」と"北京"という「場所」を同時に強調することもあります。

Wǒ bú shì zuò fēijī lái de, wǒ zuò xīngànxiàn lái de.
6 我不是坐飞机来的，我坐新干线来的。
🔍 後半の部分は"是"を省略しています。否定の場合は省略できません。

Shì shéi dǎsǎo de fángjiān?
7 是谁打扫的房间?
🔍 "房间"という目的語を伴っているので、"的"は目的語の前に置きます。

Nèi jiàn shì shì tā gàosu wǒ de.
8 那件事是他告诉我的。
🔍 目的語が人称代名詞の場合、"的"は最後に置くことができます。

第84課 結果補語

▶▶▶▶▶ 結果補語とは、動詞の直後に続き、その動作がもたらす結果を表す補足成分です。

□1 ライブのチケットは完売しました。
「ライブ」は"演唱会"と言います。

□2 私はもうお腹がいっぱいです。

□3 お父さんはまた酔っぱらってしまいました。
「また」は何と言うのでしょうか。

□4 お名前を間違えて覚えていました。すみません。
「覚える」は"記"ですが、「間違えて覚える」は何と言えばいいでしょうか。

□5 彼の言い訳はもうとっくに聞き飽きました。
「言い訳」は"借口"、「とっくに」は"早就"を使ってみましょう。

□6 今月のお小遣いはもう全部使ってしまいました。
「お小遣い」は"零花钱"と言います。

□7 何回か電話しましたが、つながりませんでした。
否定形は何を使えばいいでしょうか。

□8 私たちは道を間違えてしまったんじゃないかなあ。
「じゃないかなあ」は"是不是"と言ってみましょう。

中国語会話のカギ

第5章 文法活用編

結果補語は「動作＋結果」という形をとります。日本語の「売り切れる」や「打ち倒す」のような複合動詞に似ています。日本語は「酔っぱらう」のように一つの言葉で表しますが、中国語では"喝醉"（飲んで、酔っ払う）という2段階に分けて表現します。これは中国語の重要な特徴の一つだと言えます。

CD2 39

Yǎnchànghuì de piào dōu màiwán le.
1 演唱会的票都卖完了。

> "卖"の結果が"完"です。日本語の「売り切れる」の表現に似ていますね。

Wǒ yǐjing chībǎo le.
2 我已经吃饱了。

> "吃"の結果が"饱"です。"吃饱"は「お腹がいっぱい」という意味です。

Bàba yòu hēzuì le.
3 爸爸又喝醉了。

> "喝"の結果が"醉"です。"喝醉"は「酔っぱらう」という意味です。

Wǒ jìcuòle nǐ de míngzi, duìbuqǐ.
4 我记错了你的名字，对不起。

> "记错"は「記憶違い」、つまり「間違えて覚えてしまった」ということですね。

Tā de jièkǒu wǒ zǎojiù tīngnì le.
5 他的借口我早就听腻了。

> "腻"は、ここでは「飽き飽き」「うんざり」という意味です。

Zhèige yuè de línghuāqián yǐjing yòngwán le.
6 这个月的零花钱已经用完了。

> "用完"は日本語の「使い切る」と似ていますね。

Dǎle jǐ cì diànhuà, dōu méi dǎtōng.
7 打了几次电话，都没打通。

> 結果補語の否定形は通常、動詞の前に"没"をつけます。

Wǒmen shì bu shì zǒucuò lù le?
8 我们是不是走错路了？

> "路"という目的語がついていますが、結果補語の後ろに置けば大丈夫です。

第85課 方向補語

▶▶▶▶ "来"、"去"、"进"、"出" など、人や物が移動する方向を表す語を方向補語と言い、動詞のあとにつけます。

☐ **1** 山田さんは日本酒を一本贈って来てくれました。
「プレゼントする」、「贈る」は "送" と言います。

☐ **2** これらのチョコレートはお子さんに持って行ってください。
「持つ」は "拿" を使ってみましょう。

☐ **3** あの路地を通り抜けたらすぐに着きますよ。
動詞は "穿" を使いましょう。方向補語は何を使えばいいのでしょうか。

☐ **4** 動物園から1匹の猿が逃げ出したそうです。
「〜そうだ」は "听说" を使ってみましょう。

☐ **5** 妻☎:今日は何時に帰ってくるの？ 夫📱:今日は残業をするから、帰りはちょっと遅くなる。
「残業する」は "加班" と言います。

☐ **6** エレベータが故障しているので、歩いて上がって行きましょう。
「上がって行く」はどのように表現したらいいのでしょう。

☐ **7** 子犬はしっぽを振って、走ってやって来ました。
「しっぽを振りながら」は "摇着尾巴" と言ってみましょう。

☐ **8** 彼女は泣きながら、走って家に帰りました。
「〜しながら…」は "一边〜一边…" という構文を使ってみましょう。

第5章 文法活用編

中国語会話のカギ

「持って行く」、「持って来る」のように、日本語も動詞の後ろに「行く」や「来る」をつけて動作の方向を表す表現があります。中国語の方向補語の種類は大変多く、"来""去""上""下""进""出""回""过"起"があります。さらに、これらの言葉を組み合わせることで、より複雑な方向を表すことができます。

CD2 40

1 Shāntián xiānsheng sònglai yì píng Rìběnjiǔ.
山田先生送来一瓶日本酒。

---

2 Zhèixiē qiǎokèlì nǐ náqu gěi háizi chī ba.
这些巧克力你拿去给孩子吃吧。

　「～に」は"给"を使います。

---

3 Chuānguò nèi tiáo hútòng jiù dào le.
穿过那条胡同就到了。

　"过"は「場所を通過する」という状況を表します。

---

4 Tīngshuō cóng dòngwùyuán pǎochū yì zhī hóuzi.
听说从动物园跑出一只猴子。

　"出"は「中から外へ」という方向を表します。

---

5 qīzi： Nǐ jīntiān jǐ diǎn huílai? zhàngfu：Jīntiān yào jiābān, wǒ wǎn yìdiǎnr huíqu.
妻子☎:你今天几点回来? 丈夫📱:今天要加班，我晚一点儿回去。

　同じ「帰宅」でも、違う方向補語を使っていることに注意しましょう。

---

6 Diàntī huài le, wǒmen zǒushàngqu ba.
电梯坏了，我们走上去吧。

　"走上去"は「歩いて上がって行く」です。

---

7 Xiǎo gǒu yáozhe wěiba pǎoguòlai le.
小狗摇着尾巴跑过来了。

　"跑过来"は「走ってやって来る」という意味です。

---

8 Tā yìbiān kū yìbiān pǎohuí jiā qù le.
她一边哭一边跑回家去了。

　動作の移動場所がある場合は、方向補語の間に入れます。

第86課 可能補語

▶▶▶▶▶ 可能補語は、動詞と結果補語や方向補語の間に"得"または"不"が挟まり、その補語が表すことが実現可能かどうかを示します。

☐ 1 北京語ならわかりますが、上海語となると無理です。
　　Q "听懂"で可能補語を作ってみましょう。

☐ 2 なぜかわからないのですが今日はどうしても寝付けないのです。
　　Q 「なぜか」は"不知为什么"と言ってみましょう。

☐ 3 彼はお酒が大変強くて、いくら飲んでも酔いません。
　　Q 「お酒が強い」は"酒量很大"と言ってみましょう。

☐ 4 あなたは刺身を食べられますか。
　　Q 「刺身」は"生鱼片"ですね。

☐ 5 このパソコンはもう修理できないから、新しいの買いましょう。

☐ 6 こんなにたくさんの料理を注文して、食べ切れますか。
　　Q 補語の部分は"完"を使ってみましょう。

☐ 7 僕は彼女のことをずっと忘れられません。
　　Q 「〜られない」の部分は"不了"を使ってみましょう。

☐ 8 こんなに高くて、誰が買えるというのか！
　　Q 反語文を使って語気を強めましょう。

中国語会話のカギ

可能補語の肯定形は「動詞+"得"+方向/結果補語」(〜できる)、否定形は「動詞+"不"+方向/結果補語」(〜できない)で表します。可能補語の肯定形は「"能"+動」で言い換えられる場合が多いですが、"不能"は「〜してはいけない」という禁止の意味になるので、可能補語の否定形は「"不能"+動詞」に言い換えることはほとんどできません。

1 Běijīnghuà wǒ tīngdedǒng, Shànghǎihuà kě tīngbudǒng.
北京话我听得懂，上海话可听不懂。
- "可"は語気を強める副詞です。

2 Bùzhī wèi shénme, jīntiān zěnme yě shuìbuzháo.
不知为什么，今天怎么也睡不着。
- "睡着"は「寝付く」、「眠りに入る」という意味です。"着"の発音に注意しましょう。

3 Tā de jiǔliàng hěn dà, zěnme hē dōu hēbuzuì.
他的酒量很大，怎么喝都喝不醉。
- "怎么〜都…"は「いくら〜ても…」という構文です。

4 Nǐ chīdeguàn shēngyúpiàn ma?
你吃得惯生鱼片吗？
- "吃得"（食べて）"惯"（慣れる）は「食べられる」ということですね。

5 Zhèi tái diànnǎo xiūbuhǎo le, mǎi xīn de ba.
这台电脑修不好了，买新的吧。
- "电脑"の量詞は"部"も使います。

6 Diǎnle zhème duō cài, chīdewán ma?
点了这么多菜，吃得完吗？
- 「(料理を)注文する」は"点"のほか、"要"とも言います。

7 Wǒ yǒngyuǎn wàngbuliǎo tā.
我永远忘不了她。
- "了"の発音に注意しましょう。

8 Zhème guì, shéi mǎideqǐ ya!
这么贵，谁买得起呀！
- 「値段が高くて買えない」は"买不起"と言います。

第87課 使役の表現

中国語の使役表現はいろいろな形があります。それぞれの用法の違いに注意して練習しましょう。

□ 1　会社は彼に中国で３年間仕事をすることを命じました。

□ 2　あの人に頼んで写真を撮ってもらいましょう。
　　　Q「(私たち)に」の「に」は何と言うのでしょうか。

□ 3　彼の奥さんは彼が友達と外で飲むことを許してくれません。
　　　Q 否定の場合はどう言ったらいいでしょうか。

□ 4　医者は彼にたばこを止めるように言いましたが、彼は聞き入れませんでした。
　　　Q「(好ましくないことを)やめる」は"戒"という動詞を使います。

□ 5　君、王さんにすぐに来るように伝えなさい。
　　　Q「すぐに」は"马上"を使ってみましょう。

□ 6　専門家に今回の事件について解説していただきましょう。
　　　Q「専門家」は"专家"と言います。

□ 7　あの映画は私たちを深く感動させました。
　　　Q「感動」は"感动"と言います。

□ 8　あの地震でたくさんの人が家を失いました。
　　　Q「失う」は"失去"を使ってみましょう。

中国語会話のカギ

使役表現の基本語順は、「A +"让［叫／请／使］"＋ B +〜」です。「〜させる」以外に、「〜するように頼む」、「〜してもらう」というときも使役表現が使われます。"让"より"叫"のほうがやや命令調です。"请"は「お願いして〜してもらう」という意味で使われます。"使"は前後の因果関係を表すことが多いです。

CD2 42

Gōngsī ràng tā qù Zhōngguó gōngzuò sān nián.
1 公司让他去中国工作三年。
- "三年"の位置に注意してください。

Ràng nèige rén gěi zánmen zhào zhāng xiàng ba!
2 让那个人给咱们照张相吧！
- 写真の量詞は"张"です。"张"の前は"一"が省略されています。

Tā qīzi bú ràng tā hé péngyou zài wàimian hē jiǔ.
3 他妻子不让他和朋友在外面喝酒。
- 親族関係の場合は、間の"的"が省略できます。

Yīshēng jiào tā jiè yān, kě tā bù tīng.
4 医生叫他戒烟，可他不听。

Nǐ jiào Xiǎo Wáng mǎshàng lái yíxià.
5 你叫小王马上来一下。
- "一下"の位置に気をつけましょう。

Wǒmen qǐng zhuānjiā jiěshuō yíxià zhèi cì de shìjiàn.
6 我们请专家解说一下这次的事件。

Nèi bù diànyǐng shǐ wǒmen shēn shòu gǎndòng.
7 那部电影使我们深受感动。
- "那部电影"と"我们深受感动"は原因と結果の関係です。

Nèi cì dìzhèn shǐ xǔduō rén shīqù le jiāyuán.
8 那次地震使许多人失去了家园。
- "那次地震"と"许多人失去了家园"は原因と結果の関係です。

第88課 反語の表現

▶▶▶▶ 回りくどくて使いにくい反語文ですが、使いこなすことができれば楽しいものです。練習してマスターしましょう。

□1 あなたは行きたくないって言ったじゃない？
　　Q "不是〜吗？"を使ってみましょう。

□2 行きたくないなんて誰が言った？
　　Q 疑問詞"谁"を使って反語文を作ってみましょう。

□3 あれ、あの人は劉さんじゃない？

□4 そんなことあるわけないでしょう。
　　Q「そんなこと」は"那种事"と言ってみましょう。

□5 誰だってお金持ちになりたいよ。

□6 そんなの知りませんよ。
　　Q 疑問詞は"怎么"でも、"谁"でも使えます。

□7 そんな言い方はないでしょう。
　　Q 直訳すると「あなたはどうしてこんなことが言えるの？」になります。

□8 人のことが言えるんですか。
　　Q 直訳すると「あなたに私のことが言える資格は何がある？」になります。

中国語会話のカギ

反語文は次のように大きく2種類に分けられます。
① "不是～吗？" = "是～"「～じゃないか？＝そうである」
② 疑問詞を用いる形。この場合の疑問詞が表すのは疑問ではありません。疑問文の形で反語の意を表し、語気を強めます。

CD2 43

Nǐ bú shì shuō nǐ bù xiǎng qù ma?
1 你不是说你不想去吗？

Shéi shuō wǒ bù xiǎng qù le?
2 谁说我不想去了？
> "没有人说我不想去"（行きたくないなんて誰も言っていませんよ）と同じ意味です。

Yí, nà bú shì Xiǎo Liú ma?
3 咦，那不是小刘吗？
> "咦"は驚きやいぶかりを表す感嘆詞です。

Nǎr yǒu nèi zhǒng shì ya?
4 哪儿有那种事呀？
> "哪儿都不可能有那种事"（どこにもそんなことがあるわけがない）と同じ意味です。

Shéi bù xiǎng yǒu qián a?
5 谁不想有钱啊？
> "谁都想有钱"（誰もお金持ちになりたい）と同じ意味です。

Wǒ zěnme zhīdao?
6 我怎么知道？
> "谁知道啊？"とも言います。

Nǐ zěnme néng zhème shuō?
7 你怎么能这么说？
> "你不能这么说"（こんな言い方をしてはいけません）と同じ意味です。

Nǐ yǒu shénme zīgé shuō wǒ?
8 你有什么资格说我？
> "你没有资格说我"（あなたには私を言う資格がありません）と同じ意味です。

第89課 受身の表現

中国語の受身文は使役文と同じ表現をする場合があります。混同しないように文脈に注意して練習しましょう。

1. 彼女に振られた。
Q 「振る」は"甩"と言います。

2. 彼は先生にほめられました。
Q 「ほめる」は"表扬"と言います。

3. 彼は区の議員に選ばれた。
Q 「議員」は"议员"と言います。

4. 彼は人にさんざん騙されたらしい。
Q 「騙す」は"骗"と言います。

5. 昨日もたくさん飲まされた。
Q 「飲ませる」は"灌"という動詞を使ってみましょう。

6. 財布が盗まれた。
Q 「盗む」は"偷"という動詞を使いましょう。

7. もうあきれた！
Q 直訳すると「あなたに怒らせられて憤死しそうだ」になります。

8. 彼は今日上司にこっぴどく怒られた。
Q 「こっぴどく怒られた」は"骂了一顿"と言ってみましょう。

第5章 文法活用編

中国語会話のカギ

中国語の受身表現の基本形は「A +"被（叫／让）"+ B +されたこと」（A は B に～された）です。B が不明、または言及する必要がない場合は"（別）人"と表現したり、省略したりします。受身表現は 87 課で学習した使役表現と同じ"叫"と"让"を使うので、注意が必要です。

CD2 44

Wǒ bèi tā shuǎi le.
1 我被她甩了。

Tā bèi lǎoshī biǎoyáng le.
2 他被老师表扬了。
🔍「先生に叱られた」なら"被老师批评了 Bèi lǎoshī pīpíng le"と言います。

Tā bèi xuǎn wéi běn qū de yìyuán.
3 他被选为本区的议员。

Tīngshuō tā bèi rén piàncǎn le.
4 听说他被人骗惨了。
🔍"惨"は「痛ましい、ひどい」という意味です。

Zuótiān yòu bèi guànle hěn duō jiǔ.
5 昨天又被灌了很多酒。
🔍"灌"はもともと「（液体などを）注ぎ込む」という意味です。

Qiánbāo bèi tōuzǒu le.
6 钱包被偷走了。
🔍"走"は「（盗んで）行かれた」という意味を表します。

Wǒ kuài jiào nǐ qìsǐ le！
7 我快叫你气死了！
🔍相手（家族や友達の場合が多い）の言動に怒って呆れるときに使うフレーズです。

Tā jīntiān ràng shàngsi màle yí dùn.
8 他今天让上司骂了一顿。
🔍"顿"は叱られた回数を表す量詞です。

第90課 "把" 構文

▶▶▶▶▶ どういうときに「把」を使うのかということが難しいところです。動作の結果を強調することを頭に入れながら練習しましょう。

☐ **1** 部屋をちょっと片付けてください。

☐ **2** 豆腐を小さく切り、ネギを千切りにする。
   Q 「小さく（サイコロ大）切ったもの」は"丁"、「糸状のもの」は"丝"を使いましょう。

☐ **3** 犬は骨を埋めた。
   Q 「骨」は"骨头"と言います。

☐ **4** 彼はパソコンにコーヒーをこぼしてしまった。
   Q 「こぼす」は"洒"という動詞を使いましょう。

☐ **5** 冷蔵庫にある賞味期限切れの食べ物を捨ててしまいましょう。
   Q 「賞味期限切れ」は"过期"と言います。

☐ **6** 後ろの髪の毛を2、3センチ短く切ってください。
   Q 「(はさみで)切る」は"剪"と言います。

☐ **7** お母さんはへそくりを本棚に隠しました。
   Q 「へそくり」は"私房钱"と言います。

☐ **8** 絶対にこの秘密を人に言いふらすなよ。
   Q 「絶対に」は"千万"を使ってみましょう。

中国語会話のカギ

「把」構文の基本形は「主語＋"把"＋目的語＋動詞＋結果／変化など」です。普通の語順と違って、「把」構文は目的語を動詞の前に持ってきます。①目的語をどのように処置するのか、②目的語がどのように変化したのか、ということを強調するためです。「把」構文は目的語の変化や結果を際立たせるための構文です。

CD2 45

1 Bǎ fángjiān shōushi yíxià.
把房间收拾一下。

2 Bǎ dòufu qiē chéng dīng, bǎ cōng qiē chéng sī.
把豆腐切成丁，把葱切成丝。

3 Xiǎogǒu bǎ gǔtou máiqilai le.
小狗把骨头埋起来了。
🔍 "起来"は「しまっておく」というニュアンスを表します。

4 Tā bǎ kāfēi sǎ dào diànnǎo shang le.
他把咖啡洒到电脑上了。
🔍 "到"は「～に」という意味です。

5 Bǎ bīngxiāng li guòqī de shíwù rēngdiào ba.
把冰箱里过期的食物扔掉吧。
🔍 "扔"は「捨てる」で、"掉"は「～しまう」というニュアンスを表します。

6 Qǐng bǎ hòumian de tóufa jiǎnduǎn liǎng sān gōngfēn.
请把后面的头发剪短两三公分。
🔍 "公分"は"厘米 límǐ"とも言います。

7 Māma bǎ sīfangqián cáng zài shūjià li le.
妈妈把私房钱藏在书架里了。
🔍 "被～发现"は「～にばれる」という意味です。

8 Qiānwàn bié bǎ zhèige mìmì shuōchuqu.
千万别把这个秘密说出去。
🔍 否定を表す言葉は必ず"把"の前に置きます。

コラム 5

日本語を直訳しても通じない

　中国語があまりできなくても漢字を使って筆談すれば何とか中国人とコミュニケーションがとれることがよくありますね。確かに漢字は中国語を学ぶ日本人、日本語を学ぶ中国人にとってはありがたい存在です。ところが、場合によっては、漢字は学習を妨げることもあるのです。

　多くの日本人学習者は漢字に頼りすぎる傾向があります。中国語の音声に反応できず、一度漢字にしないと理解できないということはありませんか。また、日本語の漢字をそのまま中国語で言ってしまうこともよくあります。実際、こんなことを聞かれたことがあります。師走のある日、ある学生に"李老师，最近大便吗？"（李先生、最近お通じはいかがですか）と聞かれて大変びっくりしました。この学生は「李先生は最近大変ですか」と聞きたかったことがその後ようやくわかりました。極端な例でしたが、日本語の発想で無理やり中国語に当てはめようとすると、不自然な表現になったり、まったく通じなかったりすることがおわかりだと思います。

　自然な中国語をアウトプットするには、自然な中国語をインプットしなければいけません。普段から中国の映画、テレビや書籍などで中国語にたくさん接したり、中中辞書を使ったりして、自然な中国語をインプットできるように心がけましょう。

エピローグ

✦ フレーズを覚えたら、積極的に使ってみよう！

　中国語会話の練習は"多听多说duō tīng duō shuō"（たくさん聞いてたくさん話すこと）が大切です。会話は聞く力、話す力を身につけなければ上達しませんので、本書を読むだけでなく、本書で学んだフレーズを何度も聞き、口に出す練習をしましょう。そうすれば、必ず中国語が口をついて出てくるようになります。自分の話す中国語が通じたときの感動は何にも代えがたいものがあります。少しずつがんばりましょう。

　本書のフレーズがある程度口からすぐに出るようになったら、実践的に使ってみたいものですね。中国語圏へ旅行したり、国内にいる中国人と交流する機会があれば、本書で学んだフレーズを試してみてください。完璧でなくてもいいので、ゆっくり話して相手に通じるように心がけましょう。

　また、中国語を話すときには間違いを恐れてはいけません。相手が「わからない」という顔をしても、間違って当たり前というくらいの気持ちで、積極的に中国語を話してみましょう。

●著者紹介

李　軼倫　Li Yilun

北京市出身。2000年来日。東京外国語大学大学院博士課程単位取得修了。中国語文法・教育専攻。東京外国語大学非常勤講師。ナレーター。BSフジ中国語教育番組「很好！しゃべっチャイナ！」、NHKラジオ「まいにち中国語」「レベルアップ中国語」などに出演。共著に『中国語学習Q&A200』（アルク）、『魔法の中国語会話』（Jリサーチ出版）。

松尾　隆　Matsuo Takashi

埼玉県出身。早稲田大学法学部卒業。成蹊大学に勤務。共著に『大学教職員と学生のための中国語留学・教育用語の手引き』（関西学院大学出版）や『中国語で歌おう！ J-POP編』（アルク）、『魔法の中国語会話』（Jリサーチ出版）。共訳に『映画で楽しく中国語　アン・リーの「飲食男女」』（東方書店）など。

カバーデザイン	滝デザイン事務所
本文デザイン／DTP	シナノ パブリッシング プレス
カバー・本文イラスト	田中　斉

中国語会話大特訓

平成25年（2013年）3月10日初版第1刷発行
平成29年（2017年）3月10日　　第2刷発行

著　者	李　軼倫／松尾　隆
発行人	福田富与
発行所	有限会社　Jリサーチ出版
	〒166-0002　東京都杉並区高円寺北2-29-14-705
	電話 03(6808)8801(代)　FAX 03(5364)5310
	編集部 03(6808)8806
	http://www.jresearch.co.jp
印刷所	（株）シナノ パブリッシング プレス

ISBN978-4-86392-126-9　禁無断転載。なお、乱丁・落丁はお取り替えいたします。
© Li Yilun, Matsuo Takashi 2013 All rights reserved.

目的に合わせて選ぶ！
Jリサーチ出版の中国語シリーズ

★ あいさつから海外旅行、ビジネス表現まで

小さいのに頼もしい！中国であなたを助ける本。

中国語会話フレーズ集の決定版

すぐに使える中国語会話 ミニフレーズ2000
CD2枚付

郭 海燕／王 丹 共著

定価 1600円(本体)

5つの特長
1. あいさつから日常生活、旅行、電話、ビジネスまで、ベーシックな中国語フレーズを2000以上収録。
2. すべてのフレーズにピンインとカタカナ付き。入門者から使える！
3. 「中国語の基本ルール」で、発音と会話文の作り方のコツがわかる。
4. 重要シーンに頻出単語コラムを収録。フレーズの単語を置き換えて利用できる。
5. CD2枚に全フレーズを収録。音声でしっかり覚えよう。

★ かんたんフレーズで中華世界どこでも通じる

魔法の中国語会話
フレーズ450 CD付

基本文法のみを使った会話必須フレーズで構成。短いフレーズばかりだから、覚えやすく使いやすい。

定価 1000円(本体)　松尾 隆・李 軼倫 共著

★ 10フレーズに旅単語をのせるだけでOK

旅行中国語会話
単語でカンタン！ CD付

旅先でよく使われる10フレーズに置き換え単語をのせるだけで、だれでも旅行中国語会話ができる。

定価 1000円(本体)　郭 海燕・王 丹 共著

全国書店にて好評発売中！

商品の詳細はホームページへ　Jリサーチ出版　検索

http://www.jresearch.co.jp　Jリサーチ出版

〒166-0002 東京都杉並区高円寺北2-29-14-705
TEL03-6808-8801　FAX03-5364-5310

基礎をしっかり身につける！ ゼロから

全国書店にて

だれにでも覚えられるゼッタイ基礎ボキャブラリー
ゼロからスタート 中国語単語 CD2枚付
BASIC1400

中国語の基礎になる1400語を生活でよく使う例文とともに覚えられる1冊。四声、ピンイン、語順、基礎文法も紹介。
CDには見出し語と意味、例文を全て収録。

王 丹 著　定価1600円（本体）

だれにでも話せる基本フレーズ20とミニ会話24
ゼロからスタート 中国語 CD付
会話編

中国語を学び始める人のための会話入門書。中国語独特の発音を短期間で身につけ、すぐに使える基本フレーズ20と場面別の実用性の高い会話を網羅。

郭 海燕・王 丹 共著　定価1400円（本体）

Jリサーチ出版　〒166-0002　東京都杉並区高円寺北2-29-14-705
TEL03-6808-8801　FAX03-5364-5310

スタート中国語 シリーズ全4点

好評発売中!

だれにでもわかる文法と発音の基本ルール
ゼロからスタート中国語 CD付 文法編

初めて中国語を勉強する人のための入門書。40の文法公式・ピンイン・四声をすっきりマスターできる。例文と日本語講義を収録したCDで総復習できる。

郭 海燕・王 丹 共著　定価 1400円(本体)

初級から中級にステップアップする34の文法ルール
ゼロからスタート中国語 CD付 文法応用編

34の文法公式で基礎を固める。文法用語にふりがな、中国語例文にカタカナ付。書いて覚える練習問題で、漢字も自然に身につけられる。CDには例文と解説を収録。

郭 海燕・王 丹 共著　定価 1400円(本体)

---

http://www.jresearch.co.jp　商品の詳細はホームページへ　Jリサーチ出版　検索

目的に合わせて選ぶ！
Jリサーチ出版の中国語シリーズ

★ 中級レベル、中国語検定対策にオススメ

日常会話からビジネスまで
例文とCDで覚える最強の単語集
中国語単語スピードマスター
中級3000
中級3〜2級レベル

入門・初級からさらにレベルアップを図りたい学習者にピッタリの中級単語集。中検3〜2級の応用語彙が身につく。例文はCDに録音されているので、リスニング力・運用力もしっかり身につく。

郭 海燕・王 丹 共著　定価 1800 円（本体）

ゼッタイ合格！
中国語検定4級スピードマスター
模擬テスト1回分付　CD付

中国語検定4級に合格する力を効率的に身につける1冊。第1章「リスニング」、第2章「筆記」、第3章「模擬テスト」の構成で、短期間で合格の基礎力を身につけることができる。

落合 久美子・古屋 順子 共著　定価 1500 円（本体）

全国書店にて好評発売中！

商品の詳細はホームページへ　　Jリサーチ出版　検索

http://www.jresearch.co.jp　　Jリサーチ出版　〒166-0002 東京都杉並区高円寺北2-29-14-7C
TEL03-6808-8801　FAX03-5364-531